Książka pt. „Jak zbadać swoje możliwości" napisana jest na podstawie wykładu wygłoszonego przez Andrzeja Moszczyńskiego.

Andrzej Moszczyński jest autorem 23 książek, 34 wykładów oraz 3 kursów. Pasjonuje go zdobywanie wiedzy z obszaru psychologii osobowości i psychologii pozytywnej.

Ponad 700 razy wystąpił jako prelegent podczas seminariów, konferencji czy kongresów mających charakter społeczny i charytatywny.

Regularnie się dokształca i korzysta ze szkoleń takich organizacji edukacyjnych jak: Harvard Business Review, Ernst & Young, Gallup Institute, PwC.

Jego zainteresowania obejmują następujące tematy: potencjał człowieka, poczucie własnej wartości, szczęście, kluczowe cechy osobowości, w tym między innymi odwaga, wytrwałość, wnikliwość, entuzjazm, wiara w siebie, realizm. Obszar jego zainteresowań stanowią również umiejętności wspierające bycie zadowolonym człowiekiem, między innymi: uczenie się, wyznaczanie celów, planowanie, asertywność, podejmowanie decyzji, inicjatywa, priorytety. Zajmuje się też czynnikami wpływającymi na dobre relacje między ludźmi (należą do nich np. miłość, motywacja, pozytywna postawa, wewnętrzny spokój, zaufanie, mądrość).

Od ponad 30 lat jest przedsiębiorcą. W latach dziewięćdziesiątych był przez dziesięć lat prezesem spółki działającej w branży reklamowej i obejmującej zasięgiem cały kraj. Od 2005 r. do 2015 r. był prezesem spółki inwestycyjnej, która komercjalizowała biurowce, hotele, osiedla mieszkaniowe, galerie handlowe.

W latach 2009-2018 był akcjonariuszem strategicznym oraz przewodniczącym rady nadzorczej fabryki urządzeń okrętowych Expom SA. W 2014 r. utworzył w USA spółkę wydawniczą. Od 2019 r. skupia się przede wszystkim na jej rozwoju.

www.andrewmoszczynski.com

Każdy z nas jest niepowtarzalny i wyjątkowy. Wszyscy rodzimy się z naturalną ciekawością świata, pragnieniem odkrywania, poznawania i tworzenia. Jak to się dzieje, że ta wyjątkowość, kreatywność, radość i swoboda ekspresji zatracają się gdzieś podczas dorastania i przypadającej na ten czas edukacji szkolnej? Czy powszechne systemy edukacji oparte na oświeceniowym przekonaniu, że wszyscy przychodzimy na świat jako „czysta tablica", którą można dowolnie zapisać, wspierają nasz rozwój i rozwijają nasze zdolności, czy jest wręcz przeciwnie? Czy szkoła, próbująca nas ukształtować według narzuconego przez system modelu i starająca się nas wpasować w ramy społecznych oczekiwań, na pewno jest warunkiem odniesienia sukcesu i spełnionego życia? Nie potwierdzają tego przykłady ludzi, którzy zdołali się wyłamać z tego systemu i pójść własną drogą. To samoucy – ci, którzy mimo braku formalnego, systemowego wykształcenia odnoszą sukcesy w przeróżnych dziedzinach i branżach, tworząc, wynajdując, unowocześniając, a często wręcz rewolucjonizując życie swoje i współczesnych im ludzi, czyniąc je lepszym i łatwiejszym.

Książka Sukcesy samouków – Królowie wielkiego biznesu, zawiera pięćdziesiąt biogramów nieprzeciętnych ludzi – przedsiębiorców samouków, którzy często wbrew ciężkim warunkom, biedzie i brakowi szkolnej edukacji odnieśli w życiu wielkie sukcesy, w sposób zasadniczy wpływając na świat, jaki znamy. Niech będą one dla Ciebie dowodem na to, że spełnione życie i sukces zależą przede wszystkim od pracy i samodzielnego rozwoju, a nie od formalnego wykształcenia.

Szczegóły dostępne na stronie: www.andrewmoszczynski.com

Jak zbadać
swoje
możliwości

Zespół autorski:
Andrew Moszczynski Institute LLC

Redaktor prowadzący:
Alicja Kaszyńska

Zastępca redaktora prowadzącego:
Dorota Śrutowska

Redakcja:
Ewa Ossowska, Anna Skrobiszewska

Korekta:
Dorota Śrutowska

Konsultacja merytoryczna:
dr. Zofia Migus

Projekt graficzny:
Sowa Druk

ISBN: 978-83-65873-56-9

Wszelkie prawa zastrzeżone

Copyright © Andrew Moszczynski Institute LLC 2020

Andrew Moszczynski Institute LLC
1521 Concord Pike STE 303
Wilmington, DE 19803, USA
www.andrewmoszczynski.com

Licencja na Polskę:
Andrew Moszczynski Group sp. z.o.o.
ul. Grunwaldzka 472, 80-309 Gdańsk
www.andrewmoszczynskigroup.com

Licencję wyłączną na Polskę ma Andrew Moszczynski Group sp. z.o.o. Objęta jest nią cała działalność wydawnicza i szkoleniowa Andrew Moszczynski Institute. Bez pisemnego zezwolenia Andrew Moszczynski Group sp. z.o.o. zabrania się kopiowania i rozpowszechniania w jakiejkolwiek formie tekstów, elementów graficznych,
materiałów szkoleniowych oraz autorskich pomysłów sygnowanych znakiem firmowym AMI.

REKOMENDACJE

Krystyna Czubówna

Lubię ludzi, lubię robić coś co przyniesie im pożytek. Stąd też po zapoznaniu się z wykładami przyjęłam propozycję uczestniczenia w powstaniu ich wersji audio. Wiem, że taki sposób przekazu jest bardzo ważny dla ludzi mających kłopoty ze wzrokiem albo będących w ciągłym niedoczasie i wykorzystującym na przyswajanie nowej wiedzy godziny spędzane w samochodzie, pociągu czy autobusie.

Muszę przyznać, że *byłam pod wrażeniem inspirującej mocy wykładów*. Zastanawiałam się, skąd się ona bierze. Doszłam do wniosku, że poza inspirującą treścią jest coś jeszcze. Wyczuwalny w stylu pisania *szacunek do odbiorców wykładów i zrozumienie dla ich różnorodnych postaw, poglądów i przekonań*. A także *obrazowość idei* oraz *precyzja w doborze przykładów, pytań do osobistych przemyśleń i cytatów trafiających w sedno*.

Wykłady pokazują możliwe drogi, jednak nie wpychają na siłę na żadną z nich. *Zachęcają odbiorcę do samodzielnego szukania w sobie, tego*

co dobre, szlachetne, wartościowe. Do podejmowania prób zmiany swego życia na lepsze jakościowo poprzez szlifowanie osobowości, czy – jak powiedzieliby twórcy – strojenie osobowości. Myślę, każdy z nas ma w sobie potencjał do wykorzystania. Że każdy może wieść dobre i satysfakcjonujące życie. Ja miałam szczęście, bo w moim życiu zadziałał przypadek. Przypadkiem trafiłam na rok do pracy w Komitecie Radia i Telewizji. Przypadkiem ktoś mnie tam usłyszał i wysłał na próbę mikrofonową. Dzięki temu odkryłam, że moim potencjałem jest głos, i znalazłam pracę, która mnie fascynuje do dziś. A gdyby tak się nie stało? Czy potrafiłabym świadomie szukać swojego przeznaczenia? Myślę, że bez odpowiedniego przewodnika byłoby to trudne. Dla Państwa takim przewodnikiem może być ta kolekcja wykładów. Serdecznie ją Państwu polecam.

Adam Ferency

Zbyt rzadko zastanawiamy się, jak ma wyglądać nasze życie. Każdy z nas chciałby być szczęśliwy, ale jest to najczęściej tylko jakieś mgliste wyobrażenie tego stanu. Rodzaj czekania na cud. Uświadomiłem sobie, że takie cuda zdarzają się rzadko, i właściwie tylko tym, którzy idąc za swoimi marzeniamim, intuicyjnie określą życiowe cele, a potem z uporem dążą do ich realizacji. Niestety, tego typu intuicja jest dana tylko nielicznym.

Większość z nas potrzebuje wsparcia, by iść do przodu. Takim wsparciem mogą być wykłady, w których nagraniu uczestniczyłem. Nie dają one gotowych recept, zgodnie zresztą z misją wydawcy – zawartą w słowach: Nie pouczamy, inspirujemy. To mi się podoba, bo specjalistów od „jedynie słusznych dróg" mamy już zbyt wielu. Podoba mi się także przewijająca się we wszystkich wykładach zachęta do zobaczenia w sobie wartościowego człowieka, który w każdym momencie może rozpocząć korzystne zmiany w swoim życiu, jeśli tylko naprawdę będzie tego chciał.

Zgadzam się z twórcami wykładów, że warto uwierzyć w swoje możliwości, dostrzec w sobie potencjał, na którym można zacząć budować „nowe" życie oparte na mądrym poczuciu własnej wartości. *W każdym z wykładów znalazłem przydatne narzędzia służące doskonaleniu osobowości.* Niektóre są unikatowe. Warto skorzystać choćby z tych, które pomagają określić cechy charakteru, typ inteligencji oraz mocne i słabe strony oraz pozwalają uzmysłowić sobie wartości nadrzędne, by uczynić z nich rzeczywisty drogowskaz kierujący w stronę realizacji marzeń i życiowej satysfakcji.

dr Zofia Migus

Patrząc na kolekcję wykładów przygotowaną przez Instytut i znając już ciekawą tematykę całości, zwróciłam uwagę na dwa aspekty. Przede wszystkim unikatowa forma przekazu treści. Większości z nas wyraz wykład kojarzy się ze statycznym, jednostronnym przekazem informacji. Uczeń, student, słuchacz siedział, a nauczyciel przekazywał treści dydaktyczne bardziej lub mniej interesująco. Jednak twórcy kolekcji odeszli od tego schematu. Wykłady zostały skonstruowane w inny sposób, dużo bardziej nowoczesny, chociaż nawiązujący do sokratejskich metod nauczania. Każdy z nich zawiera wiele pytań skierowanych do słuchacza, aby mógł już podczas czytania zatrzymać się i przemyśleć usłyszane treści. Wsparciem tego procesu są unikatowe ćwiczenia, które inspirują do formułowania własnych sądów i do tworzenia własnego punktu widzenia. To ogromna pomoc, a jednocześnie spełnienie zasady stosowania praktycznego działania w procesie poznawczym.

Drugi aspekt to przydatność publikacji. Moją uwagę zwróciło połączenie różnych kręgów odbiorców, zwłaszcza odbiorcy indywidualnego (w różnym wieku) z biznesowym. Autorzy wykładów wychodzą bowiem z nadzwyczaj słusznego, niestety nie zawsze docenianego założenia, że *na sukces firmy w głównej mierze składa się powodzenie każdego pojedynczego człowieka, który w niej pracuje*. Niezależnie od tego, jakie stanowisko zajmuje. W związku z tym dbałość o samopoczucie pracownika i jego życiową satysfakcję powinna stać się ważnym zadaniem dla zarządów firm i gremiów kierowniczych. Wykłady, które podejmują wiele ważkich tematów z dziedziny rozwoju osobistego mogą stać się istotną pomocą w realizacji tego zadania. Tym samym mogą przyczynić się do *wzmocnienia identyfikowania się z firmą, wzrostu motywacji, kreatywności, a także tolerancji na zmieniające się środowisko pracy*. Pomoże to w osłabieniu lub nawet eliminacji tak niekorzystnych zjawisk jak nadmierna absencja, fluktuacja kadr czy wypalenie zawodowe.

Jako filozof, nauczyciel i doradca biznesowy *polecam więc te kolekcję zarówno ludziom,*

pragnącym zmienić swoje życie prywatne, jak i firmom, których zamiarem jest stworzenie organizacji na miarę XXI wieku, efektywnej i satysfakcjonującej właścicieli oraz pracowników.

Danuta Stenka

Przypomina mi się ewangeliczna przypowieść o talentach... Pan przed wyjazdem wezwał swoje sługi. Jednemu dał pięć talentów, drugiemu – dwa, trzeciemu – jeden. Dwoje z nich pracowało i pomnażało swoje talenty. Ten, który dostał jeden talent, zakopał go w ziemi, a potem go oddał. Został za to ukarany, bo nie pomnożył tego, co otrzymał.

Tak mi się wydaje, że my – myślę tutaj o wszystkich ludziach na świecie – często przeżywamy życie bez świadomości skarbu, jaki posiadamy. Bez świadomości talentów, którymi zostaliśmy obdarowani. Bez świadomości potencjału, który może nam służyć. *Ten projekt pozwala dostrzec, że tkwią w nas ogromne możliwości*, i dlatego bardzo mi się podoba. Pokazuje, że ludzie osiągający sukcesy, robiący karierę, ludzie, o których myślimy, że dostali zdecydowanie więcej od losu, są właściwie tacy sami jak my. Oni tylko uświadomili sobie, że mają możliwości, że mają potencjał i zrobili z tego użytek. Mam nadzieję, że wykłady, które dostajemy

właśnie do ręki, pomogą wielu ludziom niemającym jeszcze tej świadomości, dokonać odkrycia, że posiadają ogromny skarb – talenty, żeby zdążyli z nich zrobić użytek i nie ukrywali w głębinach swojego wnętrza do końca życia.

Dodam jeszcze, że *chciałabym, żeby te teksty towarzyszyły także moim córkom u progu dorosłego życia.* Żeby miały je przy sobie i mogły do nich zajrzeć w chwilach zwątpienia, załamania czy niepewności. Wierzę, że pomogą im odzyskać zgubioną pewność i złapać właściwy kierunek.

Ja sama podczas czytania tych tekstów, przyznam szczerze, odkurzyłam sobie dawno zapomnianą wiedzę, dodałam do niej nowe aspekty. *Wiele dzięki temu zyskałam i bardzo się z tego cieszę.*

Jerzy Stuhr

Praca nad tymi wykładami uzmysłowiła mi, jaką osobowością ja sam dysponuję i co jeszcze powinienem w sobie zmienić, bo zawsze jest coś do zmiany. W tych tekstach znalazłem też potwierdzenie, że sukcesu w znaczeniu pieniądze i sława jeszcze nie można nazwać szczęściem. Dla mnie osobiście szczęściem jest bezpieczeństwo moich bliskich, radość z pracy, przezwyciężanie słabości czy chorób. Pomyślałem sobie, że właściwie to wszystko gdzieś we mnie jest. Ale nie zawsze uświadomione. Nie zawsze w postaci konkretnych myśli. Raczej jako towarzyszące mi od dawna poczucie, że sam jestem odpowiedzialny za swoje życie. W każdej sytuacji. Nawet w chorobie.
Wierzę, że każdemu ze słuchaczy, troszeczkę za moją pomocą, te wykłady również mogą podpowiedzieć, kim rzeczywiście jest i do czego powinien dążyć w swoim życiu, aby mógł uznać je za udane.

Spis treści

Jak zbadać swoje możliwości
 – wykład 2.1 27
Część utrwalająca 77
Jak zbadać swoje możliwości
 – wykład 2.2 117
Część utrwalająca 149
Słowniczek 187
Źródła i inspiracje 195

Jak zbadać swoje możliwości – wykład 2.1

Narrator

Co może pojedynczy człowiek?... Całkiem sporo. Przejść na piechotę do bieguna północnego, napisać setkę książek, wynaleźć lek ratujący miliony, skonstruować samochód, a nawet stworzyć zupełnie nowy język. Połączenie ludzkich talentów i możliwości daje efekt synergii, czyli czegoś znacznie większego niż wynikałoby to z prostego matematycznego rachunku, zsumowania tych właściwości. Grupy ludzi mogą wznosić wielkie konstrukcje, piramidy, pałace i katedry, budować tysiące kilometrów dróg i torów, zakładać miasta i cywilizacje. Mogą też polecieć w kosmos czy zejść na dno oceanu. Niezliczone przykłady wskazują, że człowiek może niewyobrażalnie wiele. Są dowodem, że zawsze stać nas na więcej.

Mamy mnóstwo różnorodnych możliwości. Są potrzebne światu, który jednocześnie wiele oferuje w zamian. Dlatego warto poszukać odpowiedzi na nasuwające się automatycznie pytania:

„Jak rozpoznać swój potencjał?...", „Jak sięgnąć wyżej?...", „Jak sprawić, by w każdej chwili życia towarzyszyło nam poczucie satysfakcji z własnych dokonań i przeświadczenie, że optymalnie wykorzystujemy nasz czas?...".

Dlaczego w pełni nie korzystamy z darów, jakimi są inteligencja czy predyspozycje?... Niestety, najczęściej nie zdajemy sobie sprawy z ich posiadania. Spróbujmy więc zbadać, jak duże mamy zapasy niewykorzystanych talentów, gdzie się ukrywają i ile wysiłku potrzebujemy, by po nie sięgnąć... Dotychczas nie myślałeś o tym?... Może warto uczynić to teraz...

Dzięki postępom medycyny i poprawie standardu życia rośnie nasza efektywność... także w wieku dojrzałym. Żyjemy dłużej i dłużej możemy być twórczy. To możliwe, jeśli uświadomimy sobie, jak mądrze korzystać z naturalnych sił. Nasze organizmy, nasze mózgi są niezwykle skomplikowanymi urządzeniami, delikatnymi, ale pełnymi niewiarygodnych możliwości.

Dwuczęściowy wykład, zatytułowany Jak zbadać swoje możliwości, zapozna nas ze sposobami odkrywania własnego potencjału i wskaże, jak go wykorzystać, by nasze życie było satysfakcjonujące i szczęśliwe. Dowiemy się też, jak działa podświadomość i na czym polega jej potęga.

Pierwszą część wykładu poświęcimy jednak historii wynalazków ważnych dla rozwoju ludzkości. Przyjrzymy się także sylwetkom kilku niezwykłych postaci. To ludzie, którzy po wsze czasy zapisali się złotymi zgłoskami na kartach historii jako odkrywcy, wynalazcy, artyści, przedsiębiorcy, ludzie zmieniający świat... Czy ich losy nie nasuwają przypuszczenia, że w każdym z nas drzemie ogromna siła?... Spróbujemy to sprawdzić.

Prelegent
„Gdybyśmy robili wszystkie rzeczy, które jesteśmy w stanie zrobić, wprawilibyśmy się w ogromne zdumienie". Stwierdzenie autorstwa Thomasa Edisona to znakomite wprowadzenie do tematu dzisiejszego wykładu. W tym zdaniu genialny wynalazca wyraził swój podziw dla możliwości drzemiących w każdym z nas. Czy podzielamy jego pogląd?... Chyba zbyt rzadko! Zazwyczaj nie wierzymy we własne możliwości i wstrzymujemy ich rozwój, powtarzając: „Nie

nadaję się do tego…", „Nie potrafię…", „Nigdy tego nie robiłem…". Czy słusznie? Przecież zaraz po urodzeniu nie umieliśmy chodzić i mówić, a teraz potrafimy! Jeśli nauczyliśmy się tak trudnej sztuki, jesteśmy w stanie opanować też wiele innych. Jak wiele?… Nie dowiemy się, dopóki nie podejmiemy próby.

Aby zmienić swoje życie i uczynić je bardziej satysfakcjonującym, a także aby wpływać na kształt otaczającego świata, powinniśmy rozpoznać tkwiący w nas potencjał. To pierwszy i najistotniejszy krok. Często trudny. Zdarza się, że trudniejszy do zrobienia niż wszystkie następne.

Co może być tym pierwszym krokiem dla nas – ludzi, którzy chcą zmienić swoje życie?… Najpierw powinniśmy przyjrzeć się sobie, by poznać własne możliwości i predyspozycje. Mamy je, bo ma je każdy człowiek, niezależnie od tego, kim jest, gdzie się urodził, czym się zajmuje, jaką religię wyznaje. Gdy już uświadomimy sobie, jakie talenty posiadamy, spróbujmy uczynić krok drugi, czyli znaleźć swoje silne i słabe strony. Warto poświęcić na to trochę czasu. Przyjrzyjmy się sobie i pomyślmy, co możemy robić naprawdę dobrze. Spróbujmy odkryć nieznane dotąd możliwości…

Czy zastanawiałeś się kiedyś, jak to się dzieje, że jednym ludziom stale dobrze się wiedzie, podczas gdy życie innych to wegetacja – szare dni wypełnione mozolną pracą, z płacą ledwie pozwalającą zaspokoić podstawowe potrzeby?…

Czy ci, którym dobrze się powodzi, mają sprawniejszy umysł?… Rozleglejsze możliwości?… Więcej talentu?… Nie! W obu tych grupach znajdziemy taki sam procent ludzi inteligentnych i utalentowanych. Różnica polega na tym, że tych pierwszych cechuje świadomość własnego potencjału i prawie nieograniczonych możliwości. Rozpoznali silne strony własnej osobowości i zgodnie z nimi określili życiowe cele. Potem wyobrazili sobie w najdrobniejszych szczegółach efekty swoich, dopiero co powstałych, pomysłów i dobrali odpowiednie środki do ich realizacji. Nazywa się to wizualizacją.

Czy już rozumiesz, na czym polega ta metoda? Powtórzmy!… Najpierw w umyśle rodzi się pomysł. Potem zaczyna on nabierać coraz bardziej realnych kształtów. W końcu formuje się w konkretny cel, do którego osiągnięcia dostosowuje się następnie odpowiednie środki. Nie wydaje się to trudne, prawda? A jeśli dodamy do tego odrobinę motywacji i szczyptę pasji, stanie się jeszcze łatwiejsze!

> Aby człowiek mógł być zadowolony z życia, jednym z najistotniejszych warunków jest, aby był przekonany, że ma ono jakiś sens, jakąś wartość. WŁADYSŁAW TATARKIEWICZ

Narrator

Poznajmy historię pierwszych odkryć i wynalazków oraz ich autorów – ludzi niewątpliwie obdarzonych geniuszem. To bohaterowie różnych czasów, znani z imienia i nazwiska bądź anonimowi. Warto zapamiętać, że tylko niektórzy zostali docenieni za życia. Wiele nazwisk na zawsze zniknęło z kart historii. Inne nigdy się na nich nie pojawiły. Przyjrzyjmy się wspólnie dokonaniom wybranych postaci. Niech to pozwoli nam uwierzyć w potencjał, jaki kryje się w każdym z nas. Jeśli będziemy chcieli go wykorzystać, zmienimy bieg własnego życia. Być może już niedługo właśnie Ty powtórzysz za Henrym

Fordem: „Nie ma rzeczy niemożliwych, są tylko te trudniejsze do wykonania".

Prelegent
Wiesz zapewne, że pierwszym przełomowym odkryciem w historii ludzkości był ogień! A konkretnie sposób jego użycia oraz rozpalania. Najpierw człowiek nauczył się, jak może go wykorzystać i podtrzymać, później dopiero zdobył umiejętność wzniecania płomienia. Niektóre teorie mówią, że to właśnie ogień pozwolił ludzkości przetrwać. Zapewnił ciepło w mroźne miesiące i umożliwił przetwarzanie żywności. Jak do tego doszło?... Kim był pierwszy człowiek, który pokonał strach przed niszczącym żywiołem i zauważył, że ciepło i światło ognia można wykorzystać dla siebie?... Prawdopodobnie nigdy się tego nie dowiemy. Natomiast z całą pewnością możemy stwierdzić, że miał cechy, które charakteryzują także współczesnych wynalazców i odkrywców – odwagę oraz kreatywność.

Prawie równie ważne dla rozwoju świata było wynalezienie koła. Bez koła świat, jaki znamy, nigdy by nie zaistniał. Jak poruszałyby się wozy i działały maszyny? Czy w ogóle mogłyby pełnić swoje funkcje?... Archeologiczne ślady wskazują niezbicie, że ludzie przez długi czas rozwoju nie znali koła. Później niemal jednocześnie pojawiło się w Mezopotamii i w Europie. Najpierw wymyślono koło jezdne, potem garncarskie, kołowrót, koło zębate i wiele, wiele innych. Genialność tego wynalazku jest tym większa, że koło jako narzędzie nie ma swego pierwowzoru w przyrodzie.

Pierwsi wynalazcy wyznaczyli kierunek rozwoju dla całego rodzaju ludzkiego. Człowiek stawał się coraz bardziej dociekliwy. Uważnie obserwował otaczający go świat. Poznawał go, ucząc się nowych rzeczy, a swoją wiedzę przekazywał następnym pokoleniom. Późniejsze wynalazki udowadniają, jak ważny dla całej ludzkości był geniusz pojedynczych ludzi. Ludzi pełnych zapału, kreatywności, wiary w siebie. Ludzi, którzy odkryli w sobie ogromny potencjał.

Wiele starożytnych wynalazków służy nam do dziś. Bez niektórych nie wyobrażamy sobie życia. Z pewnością należy do nich kalendarz. Jak bez niego mielibyśmy umawiać się na konkretne terminy i wyznaczać czas zdarzeń? Potrzeba i genialne umysły ludzi sprawiły, że kalendarz pojawił się niezależnie w kilku miejscach na świecie. Koncepcje były dwie. Obie wynikały z obserwacji przyrody. Pierwsza opierała się na zmienności faz Księżyca, druga bazowała na ruchach Słońca i porach roku. Pierwszy kalendarz przyjęty ostatecznie prawie w całej Europie, zwany juliańskim, wprowadził w 45 roku p.n.e. Juliusz Cezar. Obecnie jednak zdecydowana większość ludzkości posługuje się kalendarzem gregoriańskim. Odliczanie czasu tym sposobem zapoczątkował papież Grzegorz XIII w 1582 roku.

Pismo i sztuka to jedyni świadkowie czasów.

MARIA DĄBROWSKA

Wiele wynalazków okazało się kamieniami milowymi w rozwoju cywilizacji i kultury. Do najważniejszych należy **alfabet** i **pismo**! Od chwili ich wynalezienia ludzie mogli zacząć utrwalać swoje myśli, idee, odkrycia i przekazywać je następnym pokoleniom nie tylko bezpośrednio… W zapiskach, których życie jest znacznie dłuższe niż przekazów ustnych, zawiera się mądrość zbiorowa ludzkości, możliwa do odtworzenia po setkach, a nawet tysiącach lat. Dzięki alfabetowi zyskaliśmy świadomość przeszłości i historię.

Pisać jednak trzeba było na czymś. Potrzebny był nośnik trwały, a jednocześnie niedrogi. Papieru nie wymyślono od razu. Pracowano nad nim przez wieki, a do powstania jego współczesnej wersji przyczyniło się wielu wynalazców. Wszystko zaczęło się w Chinach, prawdopodobnie w 8 roku p.n.e., a być może jeszcze wcześniej. Potem tajemnicę produkcji papieru posiadł świat arabski, a następnie Europa. Jednak dopiero w XIX wieku zaczęto wytwarzać go z masy celulozowej, co umożliwiło produkcję na dużą skalę.

Czy możemy wyobrazić sobie codzienne życie bez papieru?... Mimo upowszechnienia się komputerów – nie! Podobnie trudno wyobrazić sobie współczesny świat bez tekstów drukowanych. Obecnie stykamy się z nimi wszędzie. Drukuje się gazety, książki, ulotki, billboardy, dokumenty. Początki druku, jak wielu innych wynalazków, odnajdziemy w Chinach. Za pierwszą drukowaną książkę uważa się *Diamentową sutrę* z 868 roku. Jest to chińskie tłumaczenie tekstu sanskryckiego. Do powielenia go użyto metody drzeworytniczej. Książki drukowane od razu zyskały dużą popularność. Ich nakłady dochodziły nawet do kilkuset tysięcy egzemplarzy. Masowo wydawano kalendarze i tomy poezji. Uważa się, że druk przywędrował do Europy z Chin przez Sinciang i Persję. W XV wieku na starym kontynencie wynaleziono ruchomą czcionkę, za pomocą której Jan Gutenberg wydrukował Biblię. Komputerowo zaczęto przygotowywać materiały do druku w latach osiemdziesiątych XX wieku. Zrezygnowano tym samym całkowicie z mozolnego składania czcionek. Na stworzenie zaawansowanej formy drukowania, z jaką mamy do czynienia współcześnie, złożyły się lata pracy i wysiłki ludzi żyjących w różnych epokach i zakątkach świata. To wspaniały sukces ludzkiej myśli, pracowitości i zdolności.

Narrator

W tym miejscu zwróćmy uwagę na pewną ważną kwestię. Czasami to, co traktujemy jak wielkie dobrodziejstwo, choćby druk, może stać się również naszym przekleństwem. Bo czy rzeczywiście wszystko, co zostało wydrukowane, warte jest przeczytania?... Już w XVIII wieku wielki francuski myśliciel Jan Jakub Rousseau dostrzegł, że łatwość rozpowszechniania treści może mieć negatywne skutki, bo popularyzowane są także idee niebezpieczne i prostackie. Ta refleksja jest aktualna również w dzisiejszych czasach. Może nawet bardziej niż kiedykolwiek wcześniej... Możliwość przesyłania niewyobrażalnej ilości słowa pisanego czy mówionego za pośrednictwem Internetu pozwala przekazywać myśli dobre i ważne, ale także jest źródłem wielu zagrożeń. Postarajmy się więc ostrożnie i krytycznie wybierać to, co chcemy przeczytać. Przyglądajmy się też uważnie temu, czym interesują się nasze dzieci...

Prelegent
Skoro mówimy o możliwościach człowieka i jego nieograniczonym potencjale, wspomnijmy też o wynalazkach, które zrewolucjonizowały dziedzinę transportu ludzi i towarów. Od momentu wynalezienia koła dokonano wielu innowacji. Jednak prawdziwy przełom to skonstruowanie pierwszego pojazdu mechanicznego, którym był wóz artyleryjski napędzany tłokowym

silnikiem parowym, zbudowany w 1769 roku przez francuskiego inżyniera Nicolasa Josepha Cugnota.

Czy wiesz, że sam schemat silnika parowego, pozbawionego jeszcze wału korbowego, został zaprojektowany w Chinach już w V wieku n.e.?... A w XIX wieku w Europie skonstruowano pierwsze pojazdy napędzane silnikami elektrycznymi zasilanymi z akumulatorów?... Prawda, że trudno w to uwierzyć?!... Elektromobile – bo tak je nazwano – używane były w miastach jako taksówki jeszcze w pierwszych latach XX wieku. Największą karierę zrobił jednak, jak łatwo się domyślić, pojazd wyposażony w silnik spalinowy napędzany benzyną.

Jakże dumny musiał być z siebie austriacki wynalazca Siegfried Marcus, kiedy w 1875 roku prezentował samochód z jednocylindrowym silnikiem spalinowym o mocy 0,75 konia mechanicznego. Zapewne przeczuwał, że to początek nowej ery! Pojazd poruszał się z prędkością czterech kilometrów na godzinę, czyli mniej więcej w takim tempie, w jakim przemierza drogę przechodzień. Kilka lat później, w 1883 roku, niemiecki konstruktor Gottlieb Daimler przedstawił swój szybkobieżny silnik benzynowy. Po kolejnych trzech latach, w 1886 roku, na ulice wyjechał pierwszy pojazd z podobnym silnikiem, skonstruowany przez kolejnego niemieckiego inżyniera Carla Benza. W 1926 roku przedsiębiorstwa obu konstruktorów, po latach zażartej konkurencji, połączyły swoje siły, tworząc firmę Daimler-Benz. Następny epokowy pomysł w tej dziedzinie należał do Henry'ego Forda, twórcy nie tylko modelu Forda T, ale też taśmy produkcyjnej. Wynalazek ten zapoczątkował erę przemysłowego wytwarzania samochodów. Znów możliwości człowieka przekroczyły granice ludzkich marzeń. Czy dzisiaj możemy sobie wyobrazić, że z naszych ulic znikają samochody? To nieprawdopodobne! Tak jak niegdyś wydawało się nieprawdopodobne, by człowiek mógł wzbić się w powietrze…

Tego doniosłego kroku w rozwoju cywilizacji także dokonano dzięki odwadze i wierze człowieka w możliwość pokonywania kolejnych ograniczeń. Okoliczności wynalezienia samolotu i rozwój lotów kosmicznych to fascynująca opowieść o ludzkim geniuszu i ludzkiej determinacji. Tak wiele wydarzyło się w tej dziedzinie, że nie starczyłoby nam czasu na zapoznanie się w tej chwili nawet z cząstką niesamowitej historii. Wspomnijmy jedynie kilka najważniejszych nazwisk, które są synonimami niezwykłej odwagi, żądzy przygody i sięgania tam, gdzie nie sięgał nikt wcześniej. Bracia Wright – konstruktorzy pierwszego samolotu, Charles Lindberg i Amelia Earhart – pionierzy lotów nad Atlantykiem, Jurij Gagarin – pierwszy kosmonauta czy Neil Armstrong, Edwin Aldrin i Michael Collins, którzy jako pierwsi wylądowali na Księżycu. Ludzie ci znaleźli poczesne miejsca w podręcznikach historii, a swoimi wyczynami dowiedli, jak wielki potencjał kryje się w człowieku.

Narrator
„Pnij się wysoko – Twoją metą niebo, Twoim celem gwiazda" – taki napis widnieje na budynku Williams College w Williamstown w Stanach Zjednoczonych. Czyż to nie wspaniała i budująca myśl?… I niekoniecznie dotyczy ona zamierzeń, które zmienią dzieje świata. Takie motto powinno przyświecać każdemu z nas. Wyznaczajmy sobie śmiałe życiowe cele. Odkrywajmy swój

potencjał. Korzystajmy z ukrytych możliwości, a efekty, jakie osiągniemy, prawdopodobnie zaskoczą nawet nas samych.

Prelegent
Zajmijmy się teraz jednym z najbardziej niezbędnych w życiu codziennym wynalazków, czyli elektrycznością. Zapewne każdy z nas przeżył przynajmniej kilkugodzinny brak prądu. Nie było to łatwe, prawda?... Dziś trudno nam normalnie funkcjonować bez dostępu do elektryczności, ale czy zastanawialiśmy się kiedykolwiek, od czego się zaczęło?... Pewne zjawiska elektryczne, choćby wyładowania atmosferyczne w przyrodzie, ludzie znali od zawsze. Jednak uderzenie pioruna budziło niegdyś tak silny strach, że nie próbowano tego badać. Dopiero starożytni Grecy zaczęli się przyglądać prostym zjawiskom elektrostatycznym. Odkryli na przykład, że bursztyn pocierany kawałkiem tkaniny potrafi przyciągać drobiny i pyłki. Drobiazg?... Teraz tak! Prawie każdy próbował tego w dzieciństwie. Wtedy było to jednak prawdziwe odkrycie. Mimo to jeszcze przez wiele stuleci czekało na ludzi,

którzy potrafiliby wykorzystać je w praktyce. Postęp w tej dziedzinie nastąpił dopiero w XVII wieku, kiedy badania nad elektrostatyką doprowadziły do stworzenia pojęcia prądu elektrycznego. Kto tym razem uwierzył w niemożliwe?...

Pierwszym był prawdopodobnie twórca elektroskopu, William Gilbert. Później potoczyło się już bardzo szybko. Wynalazki w tej dziedzinie zaczęły się mnożyć. Na przełomie XVIII i XIX wieku Anglik Michael Faraday opracował podstawy elektromagnetyzmu, a Włoch Alessandro Volta zbudował pierwsze ogniwo galwaniczne. Z czasem ustalono i opisano najważniejsze prawa rządzące elektrycznością. Przyczynili się do tego między innymi: niemiecki matematyk Georg Ohm, niemiecki fizyk Gustav Kirchhoff oraz szkocki badacz James Clerk Maxwell. Wkrótce zaczęto tę wiedzę wykorzystywać. Powstały takie urządzenia, jak: telegraf, telefon, żarówka czy fonograf służący do zapisu dźwięku. Amerykanin Thomas Edison zbudował pierwszą elektrownię i pionierską miejską sieć elektryczną.

Narrator

Dzisiaj rzadko się nad tym zastanawiamy, jednak oczywiste jest, że współczesna cywilizacja nie mogłaby istnieć bez elektryczności. Naukowcy ciągle poszukują tańszych metod wytwarzania energii. W tej dziedzinie nadal pozostaje wiele do odkrycia. Może to właśnie Ty wprowadzisz jakąś innowację?... Może właśnie Ty wynajdziesz coś epokowego i przejdziesz do historii?... Kto wie?... Czas pokaże! Wydaje Ci się to niemożliwe?... Przecież ci, którzy stworzyli elektryczność, także byli zwyczajnymi ludźmi. Po prostu uruchomili swój potencjał. Bierz z nich przykład. Bądź ciekawy świata i szukaj nowych rozwiązań. Ktoś kiedyś powiedział, że powinniśmy iść tak daleko, jak sięga wzrok, bo gdy się tam znajdziemy, zobaczymy dużo, dużo więcej. Kieruj się tymi słowami, a być może dostrzeżesz nowe możliwości, których nie widać z miejsca, w którym jesteś teraz.

Prelegent

Upowszechnienie się elektryczności pozwoliło na stworzenie kolejnych pożytecznych wynalazków, a one uczyniły nasze życie dużo łatwiejszym i bardziej komfortowym. Co przychodzi Ci na myśl?... Jest ich takie mnóstwo, że trudno wybrać, prawda? Wspomnijmy niektóre z nich.

Lodówka. Dziś znajduje się w prawie każdym domu. Dzięki niej możliwe jest przechowywanie pożywienia i utrzymywanie go w stanie świeżości przez długi czas. Oczywiście ludzie od stuleci wiedzieli, że zimno konserwuje żywność, jednak do 1876 roku, kiedy niemiecki inżynier Carl von Linde wynalazł chłodziarkę sprężarkową, mało kto marzył o posiadaniu domowego urządzenia chłodzącego. Pierwszą lodówkę elektryczną domowego użytku wyprodukowano w 1913 roku, równocześnie w Europie i Stanach Zjednoczonych.Jak się zapewne domyślasz, początkowo urządzenia te były niewyobrażalnie drogie. Pierwsze chłodziarki produkowane w Europie przez firmę AEG kosztowały tyle, co dom lub niewielkie gospodarstwo!

Kolejny wynalazek, o którym warto wspomnieć, to radio. Ile wyobraźni miał jego twórca, Guglielmo Marconi, by uwierzyć, że możliwe jest przesłanie sygnału radiowego przez Atlantyk. Po raz pierwszy dokonał tego w 1901 roku. Równocześnie nad wykorzystaniem fal radiowych pracował serbski wynalazca Nikola Tesla, który spierał się potem sądownie z Marconim o pierwszeństwo i możliwość opatentowania odkrycia. Ostatecznie, w 1943 roku, sąd przyznał prawa patentowe Tesli. Wyrok ogłoszono po śmierci serbskiego wynalazcy, przez co powszechnie za twórcę radia uznaje się Marconiego, mimo iż przyznał się on do wykorzystania w swoim projekcie wcześniejszych prac. W każdym razie ten wynalazek całkowicie zmienił świat. Już po 20 latach od pierwszej transmisji odbiorniki radiowe znalazły się w milionach domów na świecie.

Kto jako pierwszy pomyślał, że skoro fale magnetyczne mogą przenosić dźwięk, to może też i obraz?... Czy kiedykolwiek poznamy nazwisko tego wynalazcy?... Może tak, może nie... Z pewnością był to jednak człowiek o dużej odwadze myślenia, mocno wierzący w nieograniczone możliwości ludzkiego umysłu. Umysłu dokładnie takiego jak Twój! Od wynalezienia radia do upowszechnienia się *telewizji* upłynęło wiele czasu. Dzisiaj trudno nam, a przynajmniej niektórym z nas, żyć bez telewizji.

Pierwsza transmisja ruchomego, czarno-białego obrazu miała miejsce 30 października 1925 roku i była dziełem szkockiego inżyniera Johna Logie Bairda. Już trzy lata później w Wielkiej Brytanii pracę rozpoczęła pionierska eksperymentalna telewizyjna stacja nadawcza. Szerokiej publiczności telewizję po raz pierwszy zademonstrowano dopiero w 1931 roku. Po upływie kolejnych pięciu lat, również w Wielkiej Brytanii, rozpoczęto cykliczne nadawanie audycji. I znów kolejnym wynalazcom zaświtała w głowach myśl: skoro możliwe jest przesyłanie za pomocą fal obrazu czarno-białego, to może to samo da się zrobić z obrazem kolorowym. Kolejny raz marzenie człowieka okazało się wykonalne! Pierwszy kolorowy program amerykańska stacja CBS wyemitowała w 1951 roku, ale kolorowe odbiorniki zaczęły masowo pojawiać się w amerykańskich domach dopiero po 1965 roku. Początkowo były one bardzo duże i ciężkie, a jakość obrazu pozostawiała wiele do życzenia. Upłynęło sporo czasu, zanim przekształcono je w popularne obecnie telewizory plazmowe, LCD czy LED, a sam obraz zyskał cyfrową formę.

Mówiliśmy o transporcie, o druku, o telewizji. A co z telefonem? Jest równie ważny, równie niezbędny. Na pytanie, kto wynalazł telefon, prawdopodobnie odpowiesz: Bell. No cóż, podobnie jak w przypadku Marconiego i Tesli, także i tutaj historia ma do naprawienia poważną nieścisłość. Otóż Alexander Graham Bell jedynie opatentował ten wynalazek. Za jego twórcę powinniśmy uznać włoskiego wynalazcę Antonio Meucciego, który w 1857 roku skonstruował pewną formę aparatu do komunikacji głosowej. Nie miał jednak środków na jego opatentowanie.

Pierwszy model telefonu Meucci stworzył, gdy zachorowała jego żona. Mógł dzięki temu kontaktować się z nią z warsztatu. Później Włoch zmodernizował wynalazek tak, by można było porozumiewać się na większą odległość. Podobnych prób dokonywał też Niemiec Philipp Reis. To jednak za sprawą Grahama Bella odkrycie zostało spopularyzowane na całym świecie. Opatentował on telefon jako swój wynalazek w 1876 roku, a już dwa lata po jego prezentacji powstały pierwsze linie telefoniczne.

Kolejnym krokiem milowym w rozwoju telefonii było wprowadzenie do powszechnego użytku telefonu komórkowego. Stało się to możliwe dopiero po wynalezieniu układów scalonych, co znacząco ułatwiło i poprawiło jakość bezprzewodowej łączności radiotelefonicznej.

Narrator
Dziś każdy, kto chce, niemal z każdego miejsca na Ziemi może zadzwonić do swoich najbliższych. Telefonia komórkowa stanowi jeden z dynamiczniej rozwijających się działów gospodarki światowej. Obecnie trwa upowszechnienie telefonów kolejnej generacji, umożliwiających nie tylko łączność wizyjną z rozmówcą, ale też wykonywanie operacji bankowych, oglądanie telewizji, komfortową łączność z Internetem, a także obsługę urządzeń domowych. Niesamowite, biorąc pod uwagę początki telefonu… A gdzie się wszystko zaczęło?… W głębi ludzkiego umysłu!

Prelegent
Wielkim dobrodziejstwem jest dla nas łączność satelitarna. Choć na co dzień raczej się nad tym

nie zastanawiamy, to przecież niewątpliwie technologia ta pełni we współczesnym świecie doniosłą rolę. Jak bardzo niezależna myśl musiała przyświecać wizjonerowi Arthurowi Charlesowi Clarke'owi, który w 1945 roku przedstawił koncepcję wykorzystania satelitów na orbicie ziemskiej do łączności międzykontynentalnej?... Trzeba przypomnieć, że eksperymenty z satelitami dopiero rozpoczęto i projekt Clarke'a wydawał się rodzajem *science fiction*. Pierwszym obiektem, który został pomyślnie umieszczony na orbicie Ziemi – 4 października 1957 roku – był radziecki satelita Sputnik 1. Obecnie satelity służą do badania atmosfery ziemskiej i przestrzeni kosmicznej. Pozwalają na eksplorację powierzchni Ziemi i robienie jej bardzo dokładnych zdjęć, pełnią także funkcje badawcze w meteorologii. Prawie 50 lat temu, w 1965 roku, wystrzelono pierwszego komercyjnego satelitę komunikacyjnego o nazwie Early Bird, a wkrótce podobne urządzenia zaczęto wykorzystywać do transmisji programu telewizyjnego. Dzięki nim możliwy jest także dostęp do Internetu i działanie systemu telefonii komórkowej. Dziś nad naszymi głowami funkcjonują blisko 4 tysiące satelitów przeznaczonych głównie do celów telekomunikacyjnych, badawczych i wojskowych. A kolejni, pełni pasji wynalazcy przygotowują już zupełnie nowe projekty ich zastosowania!

Nie pozwól, by obawa o to, ile czasu zajmie osiągnięcie czegoś, przeszkodziła Ci w zrobieniu tego. Czas i tak upłynie, można więc równie dobrze wykorzystać go w najlepszy możliwy sposób. EARL NIGHTINGALE

Wynalazek lasera, podobnie jak komunikacji satelitarnej, też rozpoczął się od teorii. Zjawisko wymuszonej emisji, na którym opiera się działanie tego urządzenia, teoretycznie rozważał już Albert Einstein. Jej istnienie zostało eksperymentalnie udowodnione w 1940 roku przez radzieckiego uczonego Walentina Fabrikanta. Następne badania przeprowadzono w Stanach Zjednoczonych. Pierwsze urządzenie noszące nazwę „laser" zostało zbudowane w 1954 roku. Dzisiaj z laserem spotykamy się na każdym kroku: od medycyny, poprzez kosmetologię i elektronikę, po nowoczesne uzbrojenie. Wykorzystuje się go na przykład w odtwarzaczu płyt CD, nagrywarce komputerowej, przyrządach medycznych czy kosmetycznych. Łatwiej chyba wymienić, gdzie nie korzysta się z lasera… na razie! Póki jakiś człowiek z otwartą głową nie wymyśli, jak użyć go w inny sposób. Może to będziesz Ty?…

Tę listę przełomowych wynalazków wieńczą komputer i Internet, które chyba najmocniej przyczyniły się do przeobrażenia współczesnego społeczeństwa. Wiele wieków temu, dążąc do ułatwienia sobie obliczeń matematycznych, człowiek wymyślił liczydło. Używano go już w starożytnej Grecji. Jednak pierwszą liczącą samodzielnie maszynę zbudował dopiero w 1642 roku francuski uczony Blaise Pascal. Potrafiła dodawać i odejmować. Kilkadziesiąt lat później Niemiec Gottfired Leibnitz zaprezentował urządzenie, które dodatkowo także mnożyło i dzieliło. To był zaledwie początek! Myśl ludzka znowu wybiegła za horyzont! Pierwszym właściwym komputerem, to znaczy maszyną zdolną do wykonywania różnych operacji matematycznych według zadanego jej programu i podającą wyniki w formie zapisu cyfrowego, było urządzenie Mark 1.

Zbudował je w latach 1937–1944 Amerykanin Howard Hathaway Aiken. Pierwszy elektroniczny komputer ENIAC został skonstruowany w 1946 roku. Następnym krokiem było pojawienie się komputerów osobistych. Pierwszy laptop zaprezentowano 29 marca 1983 roku. Teraz w dobie tabletów, iPadów i iPodów wydaje się ogromny. Dalszy rozwój jest nam znany, bo to za naszego życia lub życia naszych rodziców dokonywała się ciągła modyfikacja i miniaturyzacja komputerów.

Do tego, by świat stał się globalną wioską, a ludzie zyskali nowe możliwości, przyczynił się inny wynik ludzkiego myślenia – Internet. Jego historia rozpoczęła się 29 września 1969 roku, kiedy na Uniwersytecie Kalifornijskim w Los Angeles, w ramach eksperymentu prowadzonego na potrzeby wojska, zainstalowano pierwsze węzły sieci ARPANET. Dwadzieścia lat później, w marcu 1989 roku, Anglik Tim Berners-Lee wraz z belgijskim programistą Robertem Cailliau stworzyli projekt sieci dokumentów hipertekstowych o nazwie World Wide Web. W następnym roku Tim Berners-Lee wymyślił podstawy języka HTML i pierwszą stronę internetową.

Narrator
To była baza, która zainspirowała umysły kolejnych wizjonerów dostrzegających w wynalazku ogromny potencjał rozwojowy. Stąd projekty kolejnych, coraz lepszych i wygodniejszych przeglądarek, poczty internetowej, komunikatorów czy mediów społecznościowych. Rozwój Internetu następuje z szybkością toczenia się kuli śnieżnej. Jest tak dynamiczny, spontaniczny i wielotorowy, że trudno go dokładnie prześledzić. Czy możemy przewidzieć, co pojawi się w tej dziedzinie za rok lub dwa?... Dzisiejsi użytkownicy Internetu to wielomiliardowa społeczność. Bez dostępu do globalnej sieci większość z nas zapewne poczułaby się bezradna i zagubiona.

Prelegent
Wymieniając efekty ludzkiego geniuszu lub może raczej efekty ludzkich możliwości, które zostały odpowiednio wykorzystane, powinniśmy wspomnieć także o wynalazkach w dziedzinie medycyny. Tu również całe pokolenia ludzi podejmowały kolejne wyzwania. Wynajdywano nowe, skuteczniejsze sposoby

leczenia. Przełomowym odkryciem, dzięki któremu znacząco wydłużyło się nasze życie, jest pierwszy antybiotyk, penicylina. Umożliwiła ona skuteczną walkę z większością bakteryjnych chorób zakaźnych. Przed jej upowszechnieniem wiele nawet banalnych schorzeń kończyło się śmiercią. Penicylinę odkrył w 1928 roku szkocki lekarz Alexander Fleming. Jednak dopiero 10 lat później, wraz z australijskim farmakologiem Howardem Floreyem i angielskim biochemikiem Ernstem Chainem, wyizolował czynny składnik hamujący rozwój bakterii. W 1939 roku ci trzej badacze założyli pierwszą na świecie wytwórnię penicyliny. W 1945 roku uhonorowano ich Nagrodą Nobla. Na tym przykładzie widać – podobnie jak przy wynalazku telefonu – że samo odkrycie nie wystarczy. Trzeba uczynić je użytecznym, a to wymaga współpracy z innymi ludźmi.

Tak samo ważnym wynalazkiem jak penicylina są szczepionki przeciwko ospie, wściekliźnie, cholerze, dżumie, gruźlicy, tężcowi i wielu innym chorobom. W dużo większym stopniu niż jakiekolwiek inne środki medyczne XX wieku przyczyniły się one do poprawy stanu zdrowia ludzi na całym świecie. Szczepionki poradziły sobie z zakażeniami odpornymi na antybiotyki, zrewolucjonizowały też profilaktykę chorób. Pierwsza, wynaleziona w 1923 roku w Europie, chroniła przed gruźlicą. Wiemy jednak, że szczepienia przeciwko ospie znano w Chinach już w X wieku!

Znaczny postęp dokonał się też w dziedzinie transplantologii. Historia przeszczepów sięga połowy XX wieku. Jednym z prekursorów, był Christiaan Barnard z Kapsztadu. W 1967 roku przeszczepił serce Louisowi Washkansky'emu. Niestety, pacjenta utrzymano przy życiu zaledwie 18 dni. Obecnie aż 80 procent chorych przeżywa ponad pięć lat po operacji. Rekordziści żyją z przeszczepionym organem do 40 lat. Najnowsze dokonania naukowców i lekarzy praktyków pozwalają na wykonywanie przeszczepów nerek, wątroby, szpiku kostnego, trzustki, płuc, a także skóry i części oka. Niedawno świat obiegła sensacyjna informacja o dokonaniu w Stanach Zjednoczonych pierwszego prawie całkowitego przeszczepu twarzy. Przeprowadziła go w 2008 roku specjalistka chirurgii plastycznej

Maria Siemionow, absolwentka poznańskiej Akademii Medycznej.

Ogromnym osiągnięciem ludzkiego umysłu było odkrycie i zrozumienie struktury DNA. Obecnie bardzo żywiołowo rozwija się genomika – dziedzina, której głównym celem jest poznanie sekwencji materiału genetycznego. Badacze wierzą, że dzięki temu będzie można skuteczniej zapobiegać chorobom i nie dopuszczać do ich powstawania, nawet jeśli są uwarunkowane genetycznie.

Czy to jest pełna lista wynalazków i odkryć?... Oczywiście, nie!... Nadal istnieje wiele niezbadanych zjawisk przyrody i mnóstwo niezaspokojonych potrzeb człowieka. Świat natury, głębiny oceanów czy kosmos wciąż stanowią dla naukowców wyzwanie i otwierają nowe pola poszukiwań. Wiele wynalazków technicznych powstało dzięki uważnej obserwacji natury. Istnieje nawet osobna dyscyplina nauki – bionika – zajmująca się badaniem procesów odkrytych w przyrodzie pod kątem możliwości ich wykorzystania w technice.

Pewnego dnia zaprzęgniemy do pracy przypływy i odpływy, uwięzimy promienie słońca.
Thomas Edison

Radary i systemy lokalizacji dźwiękowej skonstruowano na bazie obserwacji nietoperzy, a system wideo naśladuje działanie ludzkiego oka. W Afryce Południowej wzniesiono kompleks budynków, których wentylację i chłodzenie zaprojektowano na wzór kopca termitów. Podpatrywanie świata natury było także z powodzeniem wykorzystywane przez konstruktorów samolotów oraz pojazdów przeznaczonych do eksploracji głębin oceanicznych i obcych planet. Trudno sobie wyobrazić, jak wielka musiałaby być biblioteka, która zawierałaby książki opisujące wszystkie wynalazki człowieka! Czy jej stworzenie byłoby w ogóle możliwe? Wynalazkami są bowiem rakieta kosmiczna i... długopis, łuk utrzymujący strop katedry i... sztuczna gąbka. Czy zdajemy sobie z tego sprawę?... Czy w codziennym życiu myślimy o tym, że niemal wszystko, z czego korzystamy, to efekt pracy czyjegoś mózgu?...

Genialne wynalazki świadczą o niezwykłych zdolnościach i determinacji ich twórców. Pokazują, jak wielkie moce drzemią w człowieku... Jak wiele można zyskać, gdy obudzi się je w sobie i skieruje na właściwe tory.

Narrator
Czy teraz wierzysz już w nieograniczone możliwości człowieka, w Twoje możliwości?... Może myślisz, że trudno je w sobie odkryć, a co dopiero wykorzystać?... Pewnie podobnie sądzili nasi poprzednicy. A jednak... Znalazło się wielu ludzi, którzy potrafili te lęki i ograniczenia pokonać. Pierwszy człowiek, który wykorzystał siłę ognia i nauczył się go wzniecać, też walczył ze strachem i mierzył się z potęgą nieznanego... Za nim podążyli następni... Wizjonerzy, odkrywcy, geniusze. Każdy z nich był inny, a równocześnie wszyscy oni byli do siebie podobni. Co ich łączyło?... Już wiesz?... Odwaga, nieustępliwość, pasja i wiara we własne możliwości. Dzięki tym cechom pokonywali kolejne przeszkody na drodze postępu.

Warto pamiętać, że wiele wspaniałych osiągnięć to dzieła zbiorowe. Często wynik pracy bezimiennych wynalazców, łączenia cennych doświadczeń na przestrzeni setek i więcej lat. Długa lista odkryć, które stanowią o obliczu naszego świata, takich jak samochód, komputer, telefon komórkowy czy telewizja, to efekt twórczego wysiłku tysięcy genialnych jednostek i pracy milionów zwykłych ludzi, którzy sprawili, że prototypy przeszły do masowej produkcji i stały się powszechnie dostępne dla całej ludzkości. Czego to dowodzi?... Że wynalazcami były tłumy ludzi! Każdy z nas ma potencjał pozwalający osiągnąć ambitne cele. Czy nie warto nauczyć się go wykorzystywać?...

Niemal wszyscy wielcy odkrywcy, wynalazcy, artyści czy menadżerowie, zanim osiągnęli swój cel, musieli pokonać wiele przeszkód. Zmagali się z własnymi słabościami, a wielokrotnie także z presją otoczenia. Co dodawało im siły?... Gdzie szukali motywacji?... W czym tkwi tajemnica powodzenia ich przedsięwzięć?...

Prelegent
Studiujmy biografie znanych ludzi, jednak postarajmy się wystrzegać bezkrytycznego podziwu. Wśród nich bowiem są i tacy, którzy osiągali

sukcesy w jakiejś dziedzinie, dokonywali wiekopomnych odkryć, ustanawiali kolejne rekordy, a mimo to nie czuli się ani szczęśliwi, ani spełnieni. Za swoje osiągnięcia zapłacili bowiem wysoką cenę. Cenę rezygnacji z innych sfer życia. Sukcesy naukowe, finansowe, zawodowe czy sportowe odnieśli kosztem rodziny, bliskich, rozwoju osobistego i duchowego. W rezultacie pozostali samotni i nieszczęśliwi. Nie powinniśmy zapominać, że rzeczywiste spełnienie polega na harmonijnym rozwoju każdej z istotnych sfer życia. Dążąc do celu w jednej sferze, staraj się nie zaniedbywać pozostałych, a jeśli do tego dojdzie, zmodyfikuj postępowanie!

Przyjrzyjmy się bliżej życiu kilku nieprzeciętnych postaci ze świata sztuki, nauki i biznesu. Jeśli oni mogli dokonać aż tyle, to czemu nie miałbyś pójść w ich ślady. Może staną się dla Ciebie inspiracją?...

William Szekspir, powszechnie uważany za największego pisarza w historii ludzkości, stworzył około 36 sztuk teatralnych, 154 sonety i wiele poematów. Mimo że już za życia cieszył się uznaniem, największą sławę zyskał po śmierci. Dzieła tego poety przetłumaczono na wszystkie najważniejsze języki nowożytne, a inscenizacje jego dramatów cieszą się niesłabnącą popularnością także dziś. Trudno przecenić wpływ Szekspira na literaturę i teatr. Co wyróżniało te sztuki pośród innych? Finezja i prostota zarazem. Potrafił tak prowadzić akcję, że jego utwory nadal budzą podziw wybrednych krytyków teatralnych i ludzi wykształconych. A jednocześnie są zrozumiałe dla ogółu odbiorców i zaspokajają mniej wybredne gusta. Ten twórca sprzed stuleci miał zadziwiający talent do wyrażania myśli, idei i uczuć bliskich ludziom, bez względu na pochodzenie, inteligencję czy epokę, w której żyli. Angielski dramaturg jest przykładem geniusza, który do perfekcji opanował posługiwanie się słowem. Motywy z jego dzieł przewijają się w późniejszej literaturze, piosenkach, skeczach kabaretowych i w filmach, często realizowanych w konwencji współczesnej. Zastanów się przez chwilę, z jakimi utworami kojarzy Ci się Szekspir?... Z pewnością wymienisz przynajmniej trzy: *Romeo i Julia*, *Hamlet* oraz *Makbet*. Każdy z nich jest ponadczasowy i uniwersalny. Warto do nich zajrzeć. Sprawdź sam, czy nie straciły na aktualności.

Równie genialnym twórcą był Michał Anioł. Wielki artysta odrodzenia zapamiętany został jako wspaniały malarz, rzeźbiarz i architekt. Jego dzieła wywarły ogromny wpływ na dalszy rozwój malarstwa i rzeźby w Europie. Tworzył je na zamówienie możnowładców i papieży. Dziś, jak przed wiekami, podziw wzbudzają choćby monumentalne freski zdobiące sklepienie Kaplicy Sykstyńskiej w Rzymie czy doskonałe posągi Dawida, Mojżesza, a także *Pieta*, zachwycająca precyzją wykonania i dbałością o detal. O mistrzostwie Michała Anioła zdecydowała – oprócz niezwykłego talentu – jego niezmierna pracowitość, umiejętność właściwej oceny sytuacji i poczucie własnej wartości. Nie przyjmował zleceń, które zobowiązywałyby go do utrzymania restrykcyjnych terminów, jeśli wiedział, że stworzenie w takim czasie dzieła doskonałego jest niemożliwe. Choć wydaje się to dziwne, artysta stawiał twarde warunki zleceniodawcom. Jednak ten, kogo zlecenie przyjął, mógł czuć się szczęśliwcem. Michał Anioł bowiem, pracując nad dziełem, uważnie studiował każdy jego milimetr. Potrafił dostrzec i dopracować około trzech tysięcy szczegółów. Praca była dla niego przede wszystkim pasją, której poświęcał się w 100 procentach.

Narrator
Nawet jeśli nie mamy artystycznych zdolności Michała Anioła, możemy się od niego nauczyć czegoś równie wartościowego. Jeśli, podobnie jak on, będziemy wkładać w to, co robimy, cały swój talent, zaangażowanie i wysiłek, jeśli damy z siebie wszystko, zadbamy o dobry plan i szczegóły, nie będziemy narzekać na brak zajęcia czy słów uznania. Zleceniodawcy sami nas znajdą i będą zabiegać o naszą uwagę i czas.

Prelegent
Teraz pora na człowieka okrzykniętego największym geniuszem w historii świata. Leonardo da Vinci. Można powiedzieć, że to niezwykłe dziecko niezwykłej epoki – odrodzenia. Znamy go głównie jako malarza. Mona Lisa i Ostatnia Wieczerza to najsławniejsze obrazy świata. Ale malarstwo było tylko jedną z jego licznych pasji. Gdyby stosować dzisiejsze kategorie, można by powiedzieć, że był także inżynierem wojskowości. Wymyślił pojazd opancerzony,

gigantyczną kuszę i moździerz. Był również kartografem i mistrzem budownictwa. Jego dziełem był plan – nowoczesnego jak na tamte czasy – miasta z ulicami i ogrodami na dachach oraz sprawnym systemem transportu wewnętrznego. Zawdzięczamy mu wiele rozwiązań mechanicznych i architektonicznych, na przykład: mechanizmy zegarowe, dźwigi i wielokrążki. Znane są studia Leonarda nad aerodynamiką. Prowadził także badania anatomiczne, między innymi mózgu, czaszki czy serca.

Jedyny sposób, by odkryć granice możliwości, to przekroczyć je i sięgnąć po niemożliwe.
ARTHUR CHARLES CLARKE

Leonardo da Vinci równie poważnie jak inżynierią i medycyną zajmował się także teatrem i muzyką. Był scenografem spektakli wystawianych na dworze Sforzów i projektantem kostiumów dla aktorów. Odpowiadał też za efekty specjalne wykorzystywane w przedstawieniach. Biografowie Leonarda wskazują na jego zdolności do improwizacji muzycznej. Grał na wielu instrumentach, a kilka z nich sam wymyślił.

Genialny artysta interesował się także fauną, florą, hydrologią, filozofią, geometrią i wieloma innymi dziedzinami. Wszechstronność była wyróżnikiem człowieka renesansu, więc Leonardo da Vinci stał się symbolem tej epoki. Rozwijał swój potencjał i możliwości twórcze w każdej z dostępnych mu dziedzin. A wszystko, co robił, było poprzedzone dogłębnymi studiami teoretycznymi lub równoległe do nich. Niezwykły talent, niezwykła rzetelność, niezwykła pracowitość. Warto poznać tę sylwetkę, by zobaczyć, ile można osiągnąć w ciągu jednego życia.

Wielu wspaniałych ludzi znajdziemy też wśród muzyków. Bach, Mozart, Beethoven, Czajkowski, Chopin… to tylko kilka znanych nazwisk. Zatrzymajmy się może na chwilę przy Wolfgangu Amadeuszu Mozarcie. Kompozycje jego autorstwa podobno uspokajają i leczą. Wyjątkowy talent muzyczny Mozarta ujawnił się wcześnie. Już jako kilkuletnie dziecko Amadeusz wyjeżdżał z rodzicami na tournée. W większości miejsc jego gra wzbudzała podziw i uznanie. Żył zaledwie 36 lat, ale pozostawił ogromny dorobek. Między innymi: kilkadziesiąt symfonii, podobnie dużo koncertów na różne instrumenty, kilkanaście mszy oraz 13 oper, w tym wystawiane do dziś *Wesele Figara* i *Czarodziejski flet*. Skomponował także wiele utworów muzyki rozrywkowej, z których najbardziej znany jest Eine kleine Nachtmusik. Przykład Mozarta pokazuje, jak może rozwijać się człowiek, jeśli dobrze rozpoznanemu talentowi towarzyszy chęć tworzenia.

Narrator
Nieprzeciętnych ludzi – z wizją, ciekawością świata, wiarą w ogromne możliwości człowieka – odnajdziemy także w czasach nam współczesnych. Wielu z nich działa w świecie biznesu. Za każdym razem, kiedy obserwujemy przedsięwzięcie, które się powiodło, oznacza to, że ktoś kiedyś podjął odważną decyzję. Zobaczył szansę tam, gdzie inni widzieli głównie zagrożenia. Ten ktoś to wizjoner naszych czasów. Człowiek obdarzony pomysłowością, silną wolą, potrafiący skutecznie przezwyciężać piętrzące się przeszkody. Niezliczone przykłady takich ludzi, żyjących w nieodległej przeszłości lub nawet współcześnie, dowodzą, że spektakularne osiągnięcie jest możliwe dzięki

pracy, determinacji i odpowiedniemu wykorzystaniu predyspozycji. Każdy z tych elementów jest istotny. Żadnego nie może zabraknąć. Historie ludzi, którzy budowali najpotężniejsze firmy świata, ukazują niejednokrotnie heroiczne zmagania jednostek z nieprzyjaznymi warunkami: konkurencją, urzędnikami lub stroną techniczną ich nowatorskich przedsięwzięć. Ci, którzy dokonali najbardziej oszałamiających wyczynów, wielokrotnie potykali się na swojej drodze, przełykali gorycz porażki. Uznawali to jednak za źródło nowych doświadczeń. Nie rozpamiętywali krzywd, lecz zamieniali żal w nieposkromioną energię twórczą.

Prelegent

Jednym z ludzi biznesu, których warto poznać bliżej, był George Eastman. To człowiek, którego firma, Eastman Kodak Company, wyprodukowała pierwszy fotograficzny aparat migawkowy przeznaczony dla amatorów. Mimo kłopotów finansowych, które dotykały go bardzo często, Eastman nie poddał się. Odkrył i wykorzystał swoje silne strony – umiejętności organizacyjne i kierownicze. Dzięki temu tak skutecznie wypromował swoją firmę, że znalazła się w czołówce amerykańskich przedsiębiorstw, a kodak stał się na wiele lat synonimem popularnego aparatu fotograficznego.

Eastman nie miał jednak łatwego startu. Po nagłej śmierci ojca zrezygnował ze szkoły i podjął pracę. Zresztą w liceum powiedziano mu, że nie jest zbyt utalentowany. Na początku pracował w firmie ubezpieczeniowej, potem w banku. Ale nie sprawiało mu to satysfakcji. Swoją pasję odkrył, gdy przypadkowo zetknął się z fotografią. Za jego czasów sprzęt fotograficzny był duży, ciężki i bardzo trudny w obsłudze. Eastman zobaczył w tym nie ograniczenia, a nowe możliwości. Postawił sobie za cel uproszczenie skomplikowanych procesów i przybliżenie tej, trudnej wówczas, sztuki robienia zdjęć przeciętnemu użytkownikowi. Eksperymenty przeprowadzał wieczorami po pracy w banku.

Później wymyślił metodę wykonywania suchych klisz i opatentował maszynę do ich masowego przygotowywania. Założona przez niego firma szybko zaczęła odnosić sukcesy. Pierwszy migawkowy aparat fotograficzny jego projektu kosztował 25 dolarów. Znajdował się w nim film wystarczający na blisko 100 zdjęć. Już po roku od wprowadzenia tego produktu na rynek firma wywoływała 7,5 tysiąca odbitek dziennie! Zwróćmy uwagę na tę liczbę, bo jest rzeczywiście miarą skali przedsięwzięcia! Pamiętajmy, że Eastman zaczynał od zera, a historia jego firmy oraz losy jego samego nie były pasmem zwycięstw. Miewał kłopoty finansowe, ale się nie poddawał. Potrafił wykorzystać swoje silne strony, skutecznie promował firmę, aż sprawił, że znalazła się w czołówce przedsiębiorstw amerykańskich, a później światowych. Odkrył w sobie pasję, więc reszta była już prosta.

Dobro człowieka musi stanowić najważniejszy cel wszelkiego postępu technicznego. ALBERT EINSTEIN

Eastman, co należy podkreślić, należał do szefów dbających o swoich pracowników. Był jednym z pierwszych pracodawców, którzy inwestowali w zespół. Wprowadził dodatki do pensji, premie, system świadczeń emerytalnych, zasiłki dla niepełnosprawnych i ubezpieczenia na życie. W 1919 roku przekazał pracownikom jedną trzecią akcji, które wtedy warte były około 10 milionów dolarów. Dbał o podwładnych, bo wiedział, że także im zawdzięcza swój sukces. Ponadto wspierał różne instytucje charytatywne. Chciał, by firma, którą kieruje, była odpowiedzialna społecznie, co w pierwszych dziesięcioleciach XX wieku wydawało się ideą na wskroś rewolucyjną.

Czyż jego biografia nie jest inspirująca?... Przyciąga w niej uwagę różnorodność działalności Eastmana, który nie koncentrował się jedynie na sukcesie zawodowym i materialnym. Przede wszystkim dostrzegał wokół siebie innych ludzi i im pomagał.

Narrator
Trzymajmy się z dala od tych, którzy próbują pomniejszać nasze ambicje. Wybierajmy towarzystwo ludzi, którzy mają w sobie wiarę w pozytywny obrót spraw. Którzy są aktywni i wierzą we własne siły… Ich postawa pomoże nam spojrzeć na życie z większym optymizmem i pewnością siebie…

Prelegent

Dokonania kolejnej postaci, Mary Kay Ash, to efekt połączenia nietypowego podejścia do rynku, pasji oraz celu nadrzędnego, którym był rozwój kobiet: osobisty, zawodowy i finansowy. Mary Kay Ash także nie miała łatwego życia. Wychowała się w Hot Hells, w Teksasie. Firmę, zajmującą się bezpośrednią sprzedażą kosmetyków, założyła w wieku 45 lat, gdy po raz kolejny została pominięta w awansie, bo... była kobietą. To pokazuje, że w żadnym momencie życia nie jest zbyt późno, by rozpocząć coś nowego i uczyć się nieznanych wcześniej rzeczy. Oczywiście z wiekiem coraz trudniej podejmować nowe wyzwania, ale nie jest to przecież niemożliwe. Zwłaszcza gdy ma się pozytywne nastawienie do świata, wiarę w siebie i niesłabnącą chęć aktywnego uczestnictwa w życiu. Ważne jest, by stale wyznaczać nowe cele. Nawet niewielkie. Dzięki nim łatwiej rozpalić w sobie ogień entuzjazmu.

Wyjątkowość firmy Ash polegała na tym, że pracowały w niej wyłącznie kobiety, które założycielka nazywała współpracownicami, a nie pracownicami. W tamtych czasach było to niemałą rewolucją, bo w 1963 roku, kiedy rodziła się firma Ash, amerykańskie kobiety zajmowały się przede wszystkim domem i nie były aktywne zawodowo. Mary Kay Ash dała im szansę na niezależność finansową. Potrafiła je zainspirować i wzbudzić w nich entuzjazm. Dzięki temu osiągały one niespotykane wyniki w pracy. Stosowała nowatorskie, jak na owe czasy, metody motywowania. Opierały się one na rozpoznaniu istotnych potrzeb kobiet – potrzeby uznania, docenienia, szacunku i samorealizacji. Wydaje się to oczywiste, ale w praktyce wcale tak nie jest. Zastanówmy się, ile razy ktoś zgasił naszą chęć do pracy przez niedocenienie dotychczasowych osiągnięć! Pomyślmy też, czy my sami nie stłumiliśmy czyjegoś entuzjazmu brakiem uznania lub nieokazaniem szacunku! To ważne, a takie trudne... Firma Ash zapewniała swoim współpracownicom wsparcie emocjonalne, którego nie znajdowały u bliskich, wyrażających się sceptycznie o planach zawodowych matek i żon.

Skromny sklep w Dallas rozrósł się szybko w korporację generującą roczne obroty na poziomie setek milionów dolarów. W 1976 roku firma Ash stała się pierwszym kierowanym przez kobietę przedsiębiorstwem notowanym na nowojorskiej giełdzie papierów wartościowych.

Obecnie firma Ash współpracuje z prawie 2 milionami konsultantek działających na ponad 30 rynkach całego świata. Biografia Mary Kay Ash inspiruje kobiety w różnych krajach do odkrywania i wykorzystywania swojego potencjału, do urzeczywistniania marzeń. Warto w trudnych momentach powtarzać sobie kilka razy dziennie zdanie, które było mottem Mary Kay Ash: „Dasz sobie radę!".

To tylko dwie spośród wielu podobnych historii związanych z ludźmi biznesu. Łączy je różnorodność podejmowanych działań. Ich bohaterowie nie koncentrowali się wyłącznie na sukcesie materialnym. Dostrzegali wokół siebie innych ludzi. Szanowali pracowników, wspierali ich i doceniali, gdyż wiedzieli, że na kształt firmy składa się wysiłek całej załogi. Prowadzili też działalność charytatywną, wspomagali szkoły i fundacje oraz wspierali rozwój kultury.

Być może po wysłuchaniu tych niezwykłych biografii myślisz: „Ja przecież nie mam tylu zdolności ani takiej determinacji i na pewno nie jestem w stanie dokonać tak wielkich rzeczy".

Te odczucia są w pełni zrozumiałe. Każdy z nas przeżywa momenty zwątpienia i braku wiary w siebie. Wystarczy wówczas przypomnieć sobie którąś z zasłyszanych dziś historii, a potem pomyśleć o tych wybitnych osobistościach jak o zwykłych ludziach. Oni też miewali wątpliwości, ponosili porażki, tracili wiarę w siebie. Nie każdy z nich był geniuszem, wielu miało uzdolnienia tylko przeciętne, które nie ujawniły się w szkole. Przeszli do historii nie dlatego, że mieli potencjał, bo ma go każdy z nas, ale dlatego, że wystarczyło im odwagi i siły, by ten potencjał wykorzystać. Chcąc osiągnąć zamierzony cel, po prostu przystąpili do działania, nie zniechęcali się niepowodzeniami i wytrwale dążyli do realizacji planów.

Narrator
Sporo miejsca w tej części poświęciliśmy dokonaniom ludzkości w różnych dziedzinach. Przypomnieliśmy sobie drogę, którą przebył człowiek od ujarzmienia ognia do naszych czasów. To, co sto lat temu wydawało się niemożliwe, dzisiaj jest codziennością i nikogo nie dziwi. Przedstawiliśmy liczne przykłady osób,

które osiągnęły zamierzony cel. Czy prześledziłeś uważnie drogę życiową tych ludzi?... Jeśli tak, to zauważyłeś pewnie, że szczęście i poczucie spełnienia tylko w niewielkim stopniu zależą od wrodzonego talentu. Nie zdolności są najważniejsze, a motywacja, wewnętrzna siła, która pcha do działania i mimo trudności nie pozwala się poddać.

Część utrwalająca

Porady
1. Uwierz, że każdy z nas jest jednostką wyjątkową i ma dużo różnorodnych możliwości.
2. Poznawaj dokonania ludzkości i czerp z nich inspirację.
3. Pamiętaj, że odkryć i wynalazków dokonywali tacy ludzie jak Ty.
4. Wyznaczaj sobie śmiałe cele.
5. Studiuj biografie znanych ludzi, ale wystrzegaj się bezkrytycznego podziwu dla nich.
6. Szukaj wzorów dla siebie także w najbliższym otoczeniu.
7. Do swoich planów włącz działalność charytatywną.

Quiz

Znalezienie odpowiedzi na pytania dotyczące wykładu pomoże Ci zapamiętać i utrwalić zawarte w nim treści. Postaraj się odpowiadać samodzielnie, jeśli jednak okaże się, że na któreś z pytań nie znasz odpowiedzi, zajrzyj do tekstu wykładu lub przesłuchaj go jeszcze raz. Odszukasz tam potrzebne informacje. W pytaniach otwartych posłuż się swoją wiedzą i doświadczeniem. Klucz z odpowiedziami znajdziesz na s. 111.

1. **Wymień cztery zastosowania koła, jednego z najstarszych i najbardziej znaczących wynalazków człowieka.**

. . . .

. . . .

. . . .

. . . .

2. **Jakim kalendarzem posługuje się większość krajów Europy?**
a) gregoriańskim
b) juliańskim
c) chińskim
d) francuskim kalendarzem republikańskim

3. **W jakim państwie wynaleziono papier?**
a) Mezopotamia
b) Włochy
c) Chiny
d) Egipt

4. **Wynalazek druku pozwolił na upowszechnianie różnorodnych treści. Za pierwszą drukowaną książkę uważa się jedną z wymienionych poniżej. Którą?**
a) *Perską książkę kucharską*
b) *Diamentową sutrę*
c) Biblię
d) *Taktykę wojenną*

5. **Pierwszy samochód z jednocylindrowym silnikiem spalinowym miał moc:**
   a) 0,075 KM
   b) 0,75 KM
   c) 7,5 KM
   d) 75 KM

6. **Jaki wynalazek Henry'ego Forda zapoczątkował erę przemysłowego wytwarzania samochodów?**
   a) wynalezienie szybkobieżnego silnika benzynowego
   b) opracowanie modelu Forda T
   c) taśma produkcyjna
   d) wytwarzanie samochodów w kolorze czarnym

7. **Ludzie od starożytności marzyli o lataniu. Kto był konstruktorem pierwszego samolotu?**
   a) anonimowi konstruktorzy w starożytnych Chinach
   b) Leonardo da Vinci i jego uczniowie
   c) bracia Wright
   d) Charles Lindberg i Amelia Earhart

8. Jesteśmy otoczeni przeróżnymi wynalazkami. Należą do nich sprzęty gospodarstwa domowego, m.in. lodówka. W którym wieku ją wynaleziono?
   a) XVII
   b) XVIII
   c) XIX
   d) XX

9. W którym roku nastąpiło pierwsze przesłanie sygnału radiowego przez Atlantyk?
   a) 1881
   b) 1901
   c) 1931
   d) 1951

10. W którym roku miała miejsce pierwsza transmisja obrazu ruchomego (początek telewizji)?
    a) 1881
    b) 1901
    c) 1931
    d) 1951

11. 4 października 1957 roku miało miejsce wydarzenie ważne dla całej techniki światowej. Co to było?
   a) zademonstrowanie telefonu komórkowego
   b) wynalezienie lasera
   c) wynalezienie telewizji kolorowej
   d) umieszczenie na orbicie okołoziemskiej pierwszego satelity

12. Wymień cztery różne dziedziny zastosowania lasera.

13. **Kto zbudował pierwszą maszynę liczącą samodzielnie?**
    a) Blaise Pascal
    b) Gottfried Leibnitz
    c) Howard Hathaway Aiken
    d) Albert Einstein

14. **W którym roku rozpoczęła się historia Internetu?**
    a) 1969
    b) 1979
    c) 1989
    d) 1999

15. **Wymień cztery różne kanały korzystania z Internetu.**

. . . .

. . . .

. . . .

. . . .

16. **Odkrycia wielu naukowców przyczyniły się do rozwoju medycyny. Co odkrył Alexander Fleming?**
   a) szczepionkę przeciwko wściekliźnie
   b) szczepionkę przeciwko ospie
   c) penicylinę
   d) surowicę przeciwtężcową

17. **Ważną dziedziną medycyny jest transplantologia. Kto jako pierwszy dokonał przeszczepu serca?**
   a) Ludwik Pauster
   b) Christiaan Barnard
   c) Zbigniew Religa
   d) Maria Siemionow

18. **Nauka rozwija się w takim tempie, że trzeba wyodrębniać z niej nowe dziedziny. Czym zajmuje się bionika?**
   a) wykorzystywaniem dźwięków w technice
   b) zdrową żywnością
   c) badaniem głośności terenów zielonych
   d) badaniem procesów zachodzących w przyrodzie pod kątem wykorzystania ich w technice

19. Kto jest wymieniany najczęściej jako na- wybitniejszy pisarz w historii ludzkości?
a) Homer
b) Dante
c) William Szekspir
d) Victor Hugo

20. Jakie trzy cechy, poza talentem, decydowały o powodzeniu Michała Anioła?
a) skromność, usłużność, wyrażanie zgody na wszystko
b) dokładność, umiejętności negocjacyjne, poczucie własnej wartości
c) pewność siebie, zdolności improwizacyjne, umiejętność dobierania współpracowników
d) gotowość do przyjęcia każdej pracy, towarzyskość, życzliwość

21. Wymień przynajmniej trzy pasje Leonarda da Vinci poza malarstwem.

....

....

....

22. Wymień nazwiska trzech wybitnych kompozytorów.

....

....

23. Jak nazywała się firma Georga Eastmana, której produkty spowodowały upowszechnienie fotografii?
a) Kodak
b) Canon
c) Practika
d) Leica

Ćwiczenie 1

Przypomnij sobie i wypisz nazwiska trzech do pięciu wybitnych postaci, o których była mowa w wykładzie. Spróbuj napisać, co wydało Ci się najbardziej interesujące w ich działalności.

1. ....

....

2. ....

....

3. ....

....

4. ....

....

5. ....

....

Ćwiczenie 2

Większość z nas, wiedziona fałszywą skromnością, częściej myśli i mówi o tym, czego nie potrafi, niż o tym, co robi znakomicie. Spróbuj teraz przełamać tę barierę i zastanów się, jakie masz umiejętności. Jeśli sprawia Ci to trudność, zastanów się, za co chwalą Cię w pracy, szkole lub w domu. Mogą to być zarówno umiejętności zawodowe, zdobyte w dowolnej instytucji edukacyjnej i udokumentowane wieloletnim doświadczeniem, jak też pozazawodowe, oparte na wrodzonym talencie i cechach charakteru bądź umysłu.

. . . .

. . . .

. . . .

. . . .

. . . .

. . . .

Ćwiczenie 3

Wyobraź sobie, że miałbyś zaprezentować dokonania ludzkości istotom z innej planety. Możesz wybrać jednak tylko pięć najważniejszych odkryć bądź wynalazków. Które wybierzesz? Spróbuj krótko uzasadnić wybór.

1. ....

2. ....

3. ....

4. ....

5. ....

....

....

....

Ćwiczenie 4

Trudno w dzisiejszych czasach żyć bez Internetu. Ma on jednak zarówno plusy, jak i minusy. Spróbuj je dostrzec i wypisać. Spróbuj też znaleźć interesujące kwestie związane z Internetem, których nie można jednoznacznie zakwalifikować do żadnej z tych kategorii (przynajmniej w chwili obecnej).

+	−
. . . .	. . . .
. . . .	. . . .
. . . .	. . . .
. . . .	. . . .
. . . .	. . . .
. . . .	. . . .
. . . .	. . . .

Interesujące kwestie

Ćwiczenie 5

Podobnie jak Internet przeanalizuj elektryczność. Czy potrafisz znaleźć jej plusy i minusy? A może dostrzegasz interesujące kwestie, których rozwiązanie mogłoby pchnąć rozwój elektryczności na nowe tory lub rozszerzyć jej wykorzystanie.

+   −

....

....

....

....

....

....

....

Interesujące kwestie

Ćwiczenie 6

Dokonaj w myślach przeglądu historii poznawania kosmosu. Spróbuj wymyślić i zapisać, do czego kosmos mógłby się przydać ludziom. Postaraj się wyobrażać sobie konkretne zastosowania i tak samo konkretnie je zapisywać.

....
....
....
....
....
....
....
....
....

Przemyślenia

Poniżej są zamieszczone fragmenty wykładu, które mogą stanowić materiał do osobistych przemyśleń. Pod każdym znajdziesz krótkie zaproszenie do dyskusji i miejsce na komentarz. Unikaj ogólników. Staraj się, by Twoja wypowiedź była jak najbardziej konkretna i konstruktywna.

Inspiracja 1

Kim był pierwszy człowiek, który pokonał strach przed niszczącym żywiołem i zauważył, że ciepło i światło ognia można wykorzystać dla siebie? ... Prawdopodobnie nigdy się tego nie dowiemy. Natomiast z całą pewnością możemy stwierdzić, że miał cechy, które charakteryzują także współczesnych wynalazców i odkrywców – odwagę i kreatywność.

Próba wyobrażenia sobie człowieka, który wymyślił praktyczne zastosowanie ognia, nie jest taka trudna. Możemy też sobie wyobrazić, że był odważny i kreatywny. Ale czy zastanawiałeś się nad tym, jak był przyjmowany przez otoczenie? Jak szarlatan i groźny czarownik? A może jak ktoś wyjątkowy? Gdy pokazał, w jaki sposób wykorzystać ogień – podziwiano go, czy poniósł srogą karę za próbę wyjścia poza dotychczasową wiedzę? Jak byłby traktowany teraz?

Inspiracja 2

Ktoś kiedyś powiedział, że powinniśmy iść tak daleko, jak sięga wzrok, bo gdy się tam znajdziemy, zobaczymy dużo, dużo więcej.

Czy słyszałeś podobne słowa w domu albo w szkole? Jeśli tak, jesteś szczęściarzem. Większość ludzi uczy się bowiem szablonu życia. Nie zdaje sobie sprawy, że są inne drogi niż te, które poznajemy w wieku dziecięcym i młodzieńczym. Na ogół uczymy się tylko odwzorowywać nakreślone przez dom lub szkołę ideały. Nie dowiadujemy się, że obok pokazywanej drogi są inne ścieżki. Niektóre prowadzą na manowce, inne do pięknego, satysfakcjonującego życia. Czy potrafisz te boczne ścieżki dostrzegać i rozpoznawać? Czy masz odwagę wyruszyć nimi wbrew innym? Czy też uważasz, że narażą Cię na niepotrzebne błądzenie i nie są warte uwagi?

. . . .

. . . .

. . . .

Inspiracja 3

Pierwszy elektroniczny komputer ENIAC został skonstruowany w 1946 roku. Następnym krokiem było pojawienie się komputerów osobistych. Pierwszy laptop zaprezentowano 29 marca 1983 roku. Teraz, w dobie tabletów, iPadów i iPodów, wydaje się ogromny.

Tę historię wielu z nas po prostu pamięta. Pierwsze komputery osobiste obecnie do niczego by się nie nadawały, z pierwszymi tabletami pod pachą nikt nie chciałby chodzić. Mamy teraz w kieszeni małe centra komunikacyjno- -obliczeniowe z dostępem do Internetu, a przez tę sieć do przeróżnych usług. Co będzie dalej? Dalsza miniaturyzacja? Chyba nie byłoby to wygodne. Ale trudno uwierzyć, że to koniec rozwoju komputerów i komórek przeznaczonych do codziennego użytku. Czy potrafisz sobie wyobrazić, w jakim kierunku może pójść rozwój tego sprzętu?

. . . .

. . . .

Inspiracja 4

Wymieniając efekty ludzkiego geniuszu lub może raczej efekty ludzkich możliwości, które zostały odpowiednio wykorzystane, powinniśmy wspomnieć także o wynalazkach w dziedzinie medycyny. Tu również całe pokolenia ludzi podejmowały kolejne wyzwania. Dokonywano epokowych odkryć i wynajdywano nowe, skuteczniejsze sposoby leczenia.

Zdrowie jest jedną z największych wartości, stąd od wieków ludzie starają się znajdować metody lecznicze i leki pozwalające uwolnić się od chorób i dolegliwości oraz im zapobiegać. Czy przyjdzie taki moment, że ludzki organizm będzie działał bez zarzutu przez całe życie? Czy potrafimy odkryć lub wynaleźć eliksir młodości? Jak wpłynęłoby to na ludzkość?

. . . .

. . . .

. . . .

Inspiracja 5

Genialnym twórcą był Michał Anioł. Jego dzieła wywarły ogromny wpływ na rozwój malarstwa i rzeźby w Europie. Dziś, jak przed wiekami, podziw wzbudzają choćby monumentalne freski zdobiące sklepienie Kaplicy Sykstyńskiej w Rzymie czy doskonałe posągi Dawida, Mojżesza, a także Pieta zachwycająca precyzją wykonania i dbałością o detal. O mistrzostwie Michała Anioła zdecydowała – oprócz niezwykłego talentu – jego niezmierna pracowitość, umiejętność właściwej oceny sytuacji i poczucie własnej wartości.

Bardzo często, obserwując ludzi, którym „się powiodło", odnosimy wrażenie, że to kwestia wyjątkowego talentu lub szczęśliwego zbiegu okoliczności. Czy sądzisz tak również wtedy, gdy czytasz tę opinię o twórczości Michała Anioła? Czy ten artysta mógłby osiągnąć mistrzostwo, gdyby talentowi nie towarzyszyły odpowiednie cechy charakteru? Czy Tobie udaje się pokonać niechęć do pracy? Czy umiesz oceniać sytuację i korzystać z tej oceny? Czy poczucie własnej wartości pozwala Ci trwać w postanowieniach?

Inspiracja 6

W żadnym momencie życia nie jest zbyt późno, by rozpocząć coś nowego i uczyć się nieznanych wcześniej rzeczy. Oczywiście z wiekiem coraz trudniej podejmować wyzwania, ale nie jest to przecież niemożliwe. Zwłaszcza gdy ma się pozytywne nastawienie do świata, wiarę w siebie i niesłabnącą chęć aktywnego uczestnictwa w życiu. Ważne jest, by stale wyznaczać nowe cele. Nawet niewielkie. Dzięki nim łatwiej jest rozpalić w sobie ogień entuzjazmu.

Co odczuwasz, gdy czytasz te słowa? Pozytywne nastawienie do świata… Wiara w siebie… Entuzjazm… Tak łatwo pojawiają się, gdy akurat nam się wiedzie, gdy układa się życie osobiste, rodzinne i zawodowe. Jednak szybko znikają wtedy, gdy wydają się nam najbardziej potrzebne, bo wszystko zaczyna iść nie tak. Czy potrafisz je utrzymać? Czy zdajesz sobie sprawę, że mogą być pomocne w wyjściu z trudnej sytuacji?

. . . .

. . . .

Rozwiązanie quizu ze s. 78
1. np. koło garncarskie, koło jezdne, koło zębate, koło zegara itp.
2. a – gregoriańskim
3. c – Chiny
4. b – Diamentową sutrę
5. b – 0,75 KM
6. c – taśma produkcyjna
7. c – bracia Wright
8. c – XIX w.
9. b – 1901 r.
10. c – 1931 r.
11. d – umieszczenie na orbicie okołoziemskiej pierwszego satelity
12. elektronika, medycyna, kosmetologia, metalurgia, wojskowość, budownictwo itp.
13. a – Blaise Pascal
14. a – 1969 r.
15. np. przeglądarka internetowa, komunikator, poczta internetowa, media społecznościowe
16. c – penicylinę
17. b – Christiaan Barnard
18. d – badaniem procesów zachodzących w przyrodzie pod kątem wykorzystania ich w technice

19. c – William Szekspir
20. b – dokładność, umiejętności negocjacyjne, poczucie własnej wartości
21. rzeźbiarstwo, mechanika, badania anatomiczne, rozwiązania budowlane, muzyka, teatr, machiny wojskowe, fauna, flora, geometria, filozofia itp.
22. np. Jan Sebastian Bach, Wolfgang Amadeusz Mozart, Ludwik van Beethoven, Piotr Czajkowski, Fryderyk Chopin
23. a – Kodak

Notatki

Notatki

Notatki

Jak zbadać swoje możliwości
– wykład 2.2

Narrator

Dotychczasowe rozważania zmierzały do udowodnienia, że każdy z nas dysponuje ogromnym potencjałem. Teraz zastanowimy się, w jaki sposób można go uruchomić. Czy potrzebujemy do tego jakichś specjalnych narzędzi?... Niekoniecznie. Wystarczy nam właściwość, którą ma każdy człowiek. Jest nią... myślenie! Chęć do pracy, entuzjazm i determinacja rodzą się w naszych głowach. Skoro tak ważne jest myślenie, jaką rolę w odkrywaniu i wykorzystywaniu własnych możliwości odgrywa ciało?... Czy jego sprawne funkcjonowanie w tym przypadku też jest istotne?... Rozstrzygnięciem tej kwestii zajmiemy się już za chwilę. Nieco później spróbujemy sprawdzić, jaki wpływ na rozwój osobowości ma najbardziej tajemnicza część naszej psychiki – podświadomość. Wiemy, że siła sprawcza bierze się z poszukiwania sposobów, by dane przedsięwzięcie zrealizować, a nie z koncentrowania się na przeszkodach, które mogą uniemożliwić podjęcie skutecznych działań. Każdy człowiek dysponuje katalogiem słów, które determinują jego codzienne postępowanie. Słowa z pozytywnym zabarwieniem to na przykład: „Tak", „Chcę", „Potrafię". Umysł, przywołując je, samoczynnie ukierunkowuje się na zadania, które w konsekwencji przynoszą wymierne efekty. Ci, którzy posługują się głównie sformułowaniami typu: „Będzie ciężko", „To trudne", stoją w miejscu, nie mają wiary, że wysiłek się opłaci. Podświadomość przyjmie płynące z ust i umysłu komunikaty o piętrzących się niebotycznych przeszkodach i sama zawróci wątpiących z obranej drogi. Ten prosty mechanizm, który równie łatwo może doprowadzić do zwycięstwa, jak do klęski, opisał Joseph Murphy. Podświadomość będzie albo naszym najlepszym sojusznikiem, albo podstępnym sabotażystą torpedującym wszelką twórczą aktywność. Od używanych przez nas słów zależy, którą z tych ról odegra w naszym życiu. Znasz takie powiedzenie: „Chęć szuka sposobu, niechęć powodu"?... Jest też inne, bardziej obrazowe: „Złej baletnicy przeszkadza rąbek u spódnicy". Pomyśl o tym i już od dziś zacznij powtarzać: „Chcę", „Dam radę", „Potrafię"!

Prelegent

„Dasz sobie radę!" – czy myśl Mary Kay Ash, cytowana w poprzednim wykładzie, zaczęła już towarzyszyć Twojemu życiu? Ilekroć trafisz na trudność, zaczniesz wątpić w powodzenie przedsięwzięcia albo będziesz chciał odstąpić od działania, powtarzaj: „Dam sobie radę!". Śmiało możesz też dodać: „Powiedzie mi się!", „Dojdę do celu!". Sformułuj więcej tego typu afirmacji. Pomogą Ci w trudnych sytuacjach. Zapisuj także sentencje ułożone przez ludzi, którym się powiodło, i umieszczaj w widocznym miejscu, by codziennie na nie patrzeć.

Ludzki mózg jest z pewnością najbardziej skomplikowanym mechanizmem we wszechświecie. Warto przypomnieć, jak jest zbudowany i jak działa. Jeśli to sobie przyswoimy, nabierzemy dystansu do wielu problemów. Tajemnice możliwości człowieka, ich granice i moc kryją się głównie w mózgu, tworze fenomenalnym, choć jeszcze mało znanym. Przez wiele lat naukowcy przyrównywali mózg do komputera. Dziś wiemy już, że to odniesienie nie jest dobre. Mózg składa się z około 50 miliardów neuronów i biliarda synaps, przez które przepływa około 10 biliardów impulsów na sekundę. To dużo więcej niż może przesłać nawet najbardziej skomplikowany i nowoczesny komputer. W niektórych aspektach komputer ma przewagę. Szybciej niż ludzki mózg dokonuje obliczeń i jest perfekcyjny w wielokrotnym powtarzaniu tych samych czynności. Potrafi nawet określić prawdopodobieństwo zaistnienia zdarzeń. Ale nie wyciągnie z nich żadnych innych wniosków ponad te, które zostały uprzednio zaprogramowane przez człowieka. Nie zanosi się na to, by w przewidywalnej przyszłości maszyna była w stanie stworzyć nową jakość myślenia.

Nasz umysł jest strukturą plastyczną i podlega ciągłym zmianom. O jego rozwoju decydują zarówno informacje wprowadzane poprzez zmysły, jak i to, o czym myślimy. Mózg zmienia się pod wpływem doświadczeń, które są naszym udziałem w ciągu całego życia. Na jego funkcjonowanie oddziałuje także aktywność intelektualna. Zdaniem naukowców, mózg ludzi aktywnych umysłowo ma aż o 40 procent więcej połączeń między komórkami nerwowymi niż mózg osób intelektualnie leniwych.

Wydaje się, że najważniejszą częścią mózgu, odpowiedzialną za naszą wyjątkowość, jest płat czołowy. Kora przedczołowa jest u człowieka znacznie bardziej rozwinięta niż u zwierząt. Zwolennicy teorii ewolucji nie potrafią racjonalnie wytłumaczyć tej jakościowej przepaści. Ludzie wierzący skłaniają się ku przekonaniu, że była to wola Boża. Że Bóg stworzył człowieka z umysłem, który mógł się rozwinąć w tak niezwykły sposób. Za korą przedczołową znajduje się opasujący głowę pas kory ruchowej. Składa się z miliardów neuronów mających połączenie z mięśniami. Ten obszar mózgu odpowiada za precyzyjne wykonywanie ruchów, w tym za poruszanie mięśniami narządów mowy. Warto zwrócić też uwagę na hipokamp położony w płacie skroniowym. Ma on ogromne znaczenie dla pamięci świeżej, krótkotrwałej, i odgrywa ważną rolę w procesach uczenia się. To właśnie tutaj następuje przenoszenie informacji do pamięci długotrwałej. Części mózgu to niezwykle delikatne elementy naszego ciała. Łatwo ulegają uszkodzeniom, dlatego są chronione przez twardą czaszkę.

Bardzo szkodliwy dla komórek mózgowych jest stres. Prawdopodobnie zdajesz sobie z tego sprawę... Zabija kreatywność i zdolność prowadzenia dialogu wewnętrznego, który jest jednym z kluczowych narzędzi pracy nad samorozwojem. Dlatego tak ważne jest unikanie sytuacji stresowych.

Narrator
Czy masz świadomość niezwykłych możliwości mózgu?... Bez pracy tego ważnego organu nie moglibyśmy wykonać nawet najprostszych czynności. Jednak to nie one są tematem naszych rozważań. Mózg pozwala nam kierować własnym życiem, czyli podejmować decyzje i wybierać to, co dla nas najlepsze. Wszystko, co dobre lub złe w człowieku, powstaje w jego umyśle. Jeśli założymy, że nasze szczęście nie zależy od czynników zewnętrznych, lecz od tego, jak myślimy... zyskamy radosną świadomość, że sami mamy wpływ na swoje życie. Uwierzymy, że możemy zrobić niemal wszystko, co zechcemy.

Dzięki swojemu umysłowi! Warto to zrozumieć i zapamiętać.

Prelegent

Wykorzystanie niewiarygodnej mocy ludzkiego mózgu jako narzędzia do kształtowania własnego życia jest możliwe, pod warunkiem że będziemy świadomi jego fenomenu. Słyszałeś zapewne o ludziach, którzy mają pamięć fotograficzną, potrafią bardzo szybko czytać ze zrozumieniem lub dokonywać w pamięci niezwykle skomplikowanych obliczeń. Każdy może rozwijać takie i podobne umiejętności, ponieważ potencjał umysłowy wykorzystujemy zaledwie w kilkunastu procentach. Warto, abyśmy gruntownie poznali ten temat, bo wiedza o możliwościach umysłu zadziwia i zachwyca. Dzięki niej będziemy mogli obudzić w sobie pragnienie szukania własnej drogi rozwoju, która doprowadzi do spełnienia i trwałego zadowolenia. Przecież każdy z nas jest dla siebie jedyną osobą na świecie, która może właściwie wykorzystać własny potencjał!

Nie można żyć szczęśliwie, nie żyjąc godnie, moralnie i uczciwie. EPIKUR

Wyznaczanie granic ludzkiego poznania to zadanie, jakie postawił przed sobą niemiecki myśliciel z XVIII wieku Immanuel Kant. Definiując podmiot, dokonał przełomowego odkrycia, tak ważnego, że nazwano je przełomem kopernikańskim filozofii. Kant uznał, iż w procesie poznania podmiot warunkuje przedmiot. Z tego, na pozór prostego, zdania wynikają poważne konsekwencje. To człowiek kreuje rzeczywistość, tworzy i nazywa świat. On więc także może go zmieniać.

Myślisz, że Ciebie kreacja rzeczywistości nie dotyczy?... Skąd wiesz?... Próbowałeś czy rezygnujesz bez podjęcia wyzwania?... Zastanów się, skąd czerpiesz wiedzę na temat potencjału swojego umysłu? Może z niewłaściwej edukacji szkolnej?... Zbyt częstej krytyki?... Braku doświadczeń?... Obecnie naukowcy coraz częściej uważają, że działanie mózgu zależy wprost proporcjonalnie od jego aktywności. Życiowa bierność, spędzanie czasu przed telewizorem, unikanie nowych bodźców powodują, że mózg się rozleniwia, a jego funkcje słabną. Co więc robić, by do tego nie dopuścić?...

Po pierwsze, odpowiednio się odżywiaj. Dostarczaj swojemu mózgowi wszystkiego, co służy rozwojowi jego komórek i utrzymuje je w dobrej kondycji. Po drugie, dotleniaj umysł! Codziennie, bez względu na pogodę, spędzaj przynajmniej pół godziny na świeżym powietrzu. Po trzecie, trenuj mózg! Nie rezygnuj z uczenia się. Czytaj, pisz, obmyślaj nowe zadania, rozwiązuj krzyżówki, sudoku, poznawaj nowe słowa języka ojczystego i języków obcych. Te zajęcia są proste, ale dobroczynne dla mózgu. I po czwarte, naucz się odprężać! Spróbuj na chwilę oderwać się od myślenia i rozwiązywania problemów. Może to być drzemka, przyjemny spacer czy powtarzanie w myślach tekstu pogodnego wiersza lub piosenki. Można też przywołać piękne wspomnienie. Te wszystkie metody zapewnią naszemu mózgowi komfort odpoczynku.

Narrator
Umysł to niezwykły dar, który dostaliśmy od Boga. Pozwala każdemu z nas funkcjonować w środowisku i odgrywać przypisane mu role. Ma ogromne możliwości. Sprawdź to sam! Nie

zamykaj przed sobą żadnych dróg. Jeśli chcesz którąś podążać, a czujesz, że to jest realne, zrób to! Wszystko, w co zechcesz się rzeczywiście zaangażować, potrafisz osiągnąć.

Prelegent
Aby w pełni wykorzystać możliwości umysłu, powinniśmy dbać także o ciało. Rzadko zastanawiamy się, jak działają narządy wewnętrzne. Właściwie póki nam nic nie dolega, za bardzo się nimi nie interesujemy. Nie pamiętamy, że nieustannie wykonują pracę, która pozwala na przeżycie kolejnych dni. Refleksje nad ciałem, jego budową i funkcjonowaniem pomogą nam to docenić. Przypomnijmy sobie zawsze aktualną sentencję z wiersza szesnastowiecznego poety Jana Kochanowskiego: „Szlachetne zdrowie, nikt się nie dowie jako smakujesz, aż się zepsujesz". Analizując budowę i działanie organizmu, nietrudno dojść do wniosku, że ciało jest cudem. Świadectwem jego doskonałości będzie poczęcie i rozwój dziecka w łonie matki. Czy ktoś może temu zaprzeczyć?

Augustyn z Hippony uważał, że ciało ludzkie jako materia jest dziełem Bożym i powinniśmy się o nie troszczyć, opiekować się nim. Tomasz z Akwinu twierdził nawet, że jest ono niezbędne duszy, która dzięki niemu może się doskonalić. Czy wszyscy myśliciele podzielali ich poglądy?... Otóż nie! Platon nazywał ciało więzieniem duszy, a Blaise Pascal nie troszczył się o nie wcale, gdyż uznał, że człowiek jest bytem marnym. Miało to, niestety, swoje konsekwencje – Pascal zmarł w wieku zaledwie 39 lat.

To nie miejsce ani spełnienie jakiegoś warunku, ale sam umysł jest tym, co może uczynić każdego szczęśliwym lub nieszczęśliwym. ROGER L'ESTRANGE

Organizm ludzki to wielka fabryka. Jest w nim to, czego potrzebujemy, by przeżyć fizycznie. Ale nie tylko! Znajdziemy w nim wszystko, co umożliwi nam wyzwalanie radości i szczęścia. Ludzki organizm kryje w sobie niezwykłą moc i wytrzymałość. Kość człowieka jest twarda jak beton, a równocześnie na tyle elastyczna, by nie być zbyt łamliwą. Nasze mięśnie, więzadła i stawy zniosą więcej, niż nam się wydaje. Czy kiedykolwiek o tym myślałeś?... Czy kiedykolwiek zastanawiałeś się, w jaki sposób działają narządy Twojego ciała?... Czy masz świadomość, że w każdej sekundzie Twojego życia pracuje układ pokarmowy, oddechowy, sercowo-naczyniowy, limfatyczny i pozostałe?...

Zastanów się przez chwilę, co się dzieje, gdy bierzesz do ręki kubek z herbatą... Czy skupiasz się wówczas na kolejnych czynnościach, takich jak: wyciągnięcie dłoni, zaciśnięcie palców na kubku, podniesienie ręki z kubkiem?... Nie... Twój organizm sam wie, co robić. Potrzebna mu do tego energia, którą pobiera z dostarczanego pożywienia i powietrza; mięśnie i ścięgna potrafiące kurczyć się tak, by dłoń objęła kubek z odpowiednią siłą; oraz stawy zginające palce. Konieczne są też nerwy, którymi ręka będzie się porozumiewała z mózgiem koordynującym całe działanie. To one sprawią, że Twój uchwyt będzie wystarczająco mocny oraz zmienią się w system wczesnego ostrzegania, jeśli naczynie okaże się zbyt gorące. Czy to nie cudowne?...

Narrator
Wiesz już, jaka moc i energia kryje się w Twoim ciele?... Zapewne zależy Ci na tym, by Twój

organizm działał bez zarzutu. Kiedy poznasz zasady jego funkcjonowania, będziesz lepiej zaspokajać jego potrzeby. Ta wiedza pozwoli Ci podejmować odpowiedzialne decyzje dotyczące zdrowia i higieny życia. Może dzięki temu całkowicie odrzucisz używki, takie jak alkohol, narkotyki, papierosy, i znacznie ograniczysz picie kawy oraz herbaty?... Przemyśl to. Podjęte postanowienia z pewnością wpłyną dodatnio na Twoje zdrowie, a przy okazji zahartują siłę woli...

Prelegent
„W zdrowym ciele zdrowy duch" – prawdopodobnie znasz to powiedzenie. Wypowiedz je głośno, z uwagą i zastanowieniem. To nie przesada! Dbając o ciało, zapewniamy sobie lepsze samopoczucie. Staniemy się życzliwsi i bardziej optymistycznie nastawieni do świata.

Czy są dowody na to, że warto dobrze zarządzać swoim ciałem i zapewnić mu najlepsze możliwe warunki? Oczywiście! Niektórzy ludzie w doskonałej kondycji dożywają sędziwego wieku, przekraczając granicę stu lat. Najczęściej spotykamy ich w Japonii, ponieważ trwałym elementem tamtejszej kultury jest zdrowy, choć surowy tryb życia i odżywiania. Teraz ludzie żyją długo także w innych regionach świata. Stopniowe wydłużanie się ludzkiego życia to, w pewnym sensie, zasługa rozwoju cywilizacji. W czasach, gdy społeczeństwa częściej nękały choroby, głód i ataki żywiołów, ludzie żyli o kilkadziesiąt lat krócej. Okres życia się wydłużył dzięki szczepionkom, antybiotykom, coraz lepszym metodom leczenia, a także dzięki możliwościom ekonomicznym. To jednak na niewiele by się zdało, gdyby nie stale wzrastająca świadomość, że aby dobrze i zdrowo żyć, trzeba się dobrze i zdrowo odżywiać. W końcu... jesteśmy tym, co jemy.

Ciekawe jest obserwowanie, jak przesuwały się granice możliwości ludzkiego ciała. Dobrze pokazuje to historia kolejnych rekordów sportowych w wybranych dyscyplinach lekkoatletycznych, bo właśnie tutaj przekraczanie ograniczeń fizyczności jest najbardziej widoczne. Spektakularnym przykładem wydaje się skok wzwyż, którego technika była stale modyfikowana. Dzięki temu zawodnicy skakali coraz wyżej, przezwyciężając kolejne bariery możliwości ludzkiego ciała. Jeszcze niedawno stosowano cztery metody pokonywania poprzeczki: naturalną, nożycową, obrotową i przerzutową. Obecnie najczęściej zawodnicy skaczą flopem, co zainicjował amerykański sportowiec Dick Fosbury. Pierwszym, który skoczył wzwyż ponad 2 metry (dokładnie 2 metry i 1 centymetr) był Amerykanin Edward Beeson. Stało się to w 1914 roku, dwa lata po tym, jak wysokość 2 metrów osiągnął George Horine. Aktualnym mistrzem świata, od 1993 roku, jest Kubańczyk Javier Sotomayor z rezultatem 2 metry i 45 centymetrów. W ciągu 80 lat potencjał ludzkiego ciała wzrósł o niemal 25 procent. Czy to było łatwe?... Nie było i... nie jest! Od 1993 roku nikt nie skoczył wyżej. Czy to już granica ludzkich możliwości?... Dzisiaj tak, ale jutro?... Zmianę mogą przynieść każde następne zawody!

Stan zdrowia ma ogromny wpływ na jakość naszego życia. Rzadko kiedy jednak zastanawiamy się nad tym. Dopiero gdy zaczynamy niedomagać, z bolesną wyrazistością widzimy, co tracimy. Poważna choroba lub kalectwo mogą przytrafić się każdemu z nas. Także tym, którzy dużą wagę przykładają do dbania o własne zdrowie. To sytuacja, w której wola życia wystawiona jest na najcięższą próbę. Jednak ludzie przewlekle chorzy lub niepełnosprawni potrafią przekraczać swoje możliwości niejednokrotnie z większą determinacją i wiarą w siebie niż zdrowi. Uruchamiają w sobie uśpione dotąd pokłady energii. Dowodzą tego liczne przykłady.

Jedną z takich osób był student i sportowiec Terry Fox, który zamierzał zostać nauczycielem wychowania fizycznego. Gdy miał 18 lat, zdiagnozowano u niego raka kości i lekarze amputowali mu nogę powyżej kolana. Terry bardziej niż swoją tragedię przeżywał w szpitalu cierpienie dzieci, które również zmagały się z chorobą nowotworową. Dlatego, nie bacząc na swoje kalectwo, postanowił przebiec trasę od wschodniego do zachodniego wybrzeża Kanady. Bieg, nazwany Maratonem Nadziei, miał zwrócić uwagę na problemy chorych na raka i pomóc zebrać pieniądze wspomagające ich leczenie, między innymi na kupno aparatury do wczesnego wykrywania nowotworów.

Marzenia możesz zrealizować, jeśli tylko spróbujesz to zrobić. TERRY FOX

Fox przygotowywał się do tego niezwykłego projektu przez wiele miesięcy. Drobiazgowo zaplanował jego kolejne etapy. Czy potrafisz sobie wyobrazić, że każdego dnia przebiegał około 42 kilometrów, czyli w przybliżeniu dystans klasycznego maratonu?... W ten sposób zdołał pokonać ponad 5300 kilometrów. Dopiero postęp choroby zmusił go do zakończenia przedsięwzięcia. Ostatnie 83 kilometry pokonywał z ogromnym trudem i w wielkim cierpieniu. Cel osiągnął! Jego niezwykłym wyczynem zainteresowały się media, a przez nie cała społeczność kraju... Dzięki Maratonowi Nadziei zebrano 24 miliony dolarów, a Terry stał się bohaterem narodowym Kanady. Pośmiertnie uhonorowano go wieloma tytułami i nagrodami. Jego legenda trwa! W Kanadzie, Stanach Zjednoczonych i Europie organizowane są tak zwane Terry Fox Run – biegi, w czasie których zbiera się datki na walkę z rakiem. Biegacz stał się symbolem wytrwałości i determinacji w dążeniu do celu. Zapamiętajmy historię tego młodego bohatera! Dowodzi ona, że możliwości każdego z nas są nieograniczone. Każdego z nas, a więc i Twoje!

Narrator

Co mogło sprawić, że Terry osiągnął cel, który wydaje się wprost nieprawdopodobny?... Jakie siły musiał zaprząc, by to, co sobie wymyślił, zostało zrealizowane?... Czy uruchomienie potencjału mogło się odbyć przez świadomą decyzję?... Raczej nie! Świadomość oceniłaby sytuację realistycznie: zbyt ambitny plan, nie da się tego dokonać. Potrzeba było czegoś więcej! Czego?... O tym za chwilę!

Przyjmijmy, że odkryłeś już swój nieograniczony potencjał i ukryte dotąd talenty. To wspaniale! Wiesz już, że aby zrobić z nich właściwy użytek, powinieneś zadbać o swoje ciało i umysł. Zastanów się, czy rzeczywiście to robisz?... Czy jesteś dla siebie dobry?... Właściwie się odżywiasz? Uprawiasz sport? Uczysz się nowych rzeczy? Potrafisz się odprężać?... Ile czasu dziennie poświęcasz dla samego siebie?... Potęga ciała i umysłu jest ogromna, ale jej utrzymanie wymaga stałych starań. Jednak i to może nie wystarczyć, by spełnić odległe marzenia i skutecznie zrealizować dalekosiężne plany. Czym jeszcze mógłbyś się wesprzeć?... Podświadomością.

Współpraca z nią może zaowocować ogromnymi korzyściami. Czy zastanawiałeś się kiedyś, czym jest i jak wielką siłę posiada ta niezwykle tajemnicza część naszego umysłu?...

Prelegent
Psychologia od prawie 200 lat bada zagadnienia związane ze świadomością i różnymi jej poziomami. Szczególne miejsce w tych dociekaniach zajmuje koncepcja psychoanalizy Zygmunta Freuda. Podzielił on psychikę człowieka na trzy sfery oddziałujące na siebie wzajemnie i podlegające ciągłym zmianom. Nazwał je: ego, id i superego. Ego, inaczej „ja" lub „jaźń", to świadoma część naszej psychiki – pamięć, wyobraźnia, plany, marzenia. Id, zwane także „ono", to podświadomość, nieświadoma energia, impulsy prowokujące nas do działania. Id stanowi źródło naszych pragnień i niepokojów. Jest w nim zawarta miłość i popęd seksualny. Superego, trzeci poziom psychiki, czuwa natomiast nad naszym postępowaniem i wyborami, na które wpływają wzorce kulturowe, tradycja, wpojone nam normy moralne i wynikające z nich sumienie oraz poczucie obowiązku.

Skupmy się na pojęciu podświadomości. To ta część nas samych, z którą zwykle mamy bardzo słaby kontakt, nie uzmysławiamy sobie jej istnienia albo nie doceniamy jej roli. A to właśnie ona jest odpowiedzialna za większość wydarzeń w naszym życiu. Spotyka nas wszystko, co znajdzie się w niej w postaci wyobrażeń. Podświadomość tworzy je, pilnie obserwując myśli, decyzje i poczynania świadomości. Tak więc to nasz świadomy umysł wpływa na wyobrażenia podświadomości. Często nie dostrzegamy tego związku i za wszystkie nieszczęścia w naszym życiu obwiniamy okoliczności zewnętrzne, nie wiedząc, że sami mamy w tym swój udział. Podświadomość jest potężnym narzędziem, które może nam pomóc w przeprowadzaniu zmian. Trudno Ci w to uwierzyć, bo usłyszałeś przed chwilą, że „zwykle mamy z nią bardzo słaby kontakt"? „Słaby kontakt" nie oznacza jednak, że nie mamy na nią wpływu. Spróbuj sobie wyobrazić, że możesz kierować podświadomością. Pomyśl, jak mógłbyś wykorzystać możliwość sterowania biegiem własnego życia?... Co zmieniłbyś w swoich planach?...

Teoretycznie nie mamy wpływu na podświadomość, więc trudno nam sobie wyobrazić, że moglibyśmy ją wykorzystać dla własnych potrzeb. Być może sam pomysł sterowania podświadomością wydaje Ci się co najmniej kontrowersyjny. Nie masz racji. Istotą wpływania na podświadomość jest działanie na poziomie świadomości. Podstawą będzie rzetelna wiedza z odpowiednio dobranych, sprawdzonych i kompetentnych źródeł. Dzięki niej możemy wydawać polecenia podświadomości, a wówczas ona podsunie nam rozwiązania problemów i wyposaży w narzędzia do osiągania celów. Jak to możliwe?... W jednej z książek świadomość porównano do zarządu firmy, a podświadomość do jej pracowników, którzy realizują zadania wyznaczone przez zarząd. To bardzo trafne porównanie. Zwróć jednak uwagę na niebezpieczeństwo, jakie niesie ten związek świadomości z podświadomością. Nie lekceważ go. Jeśli będziesz zaśmiecać swój umysł szkodliwymi treściami, wypełniać negatywnymi emocjami i złymi myślami, to także one dostaną się do Twojej podświadomości. A ta, posłuszna nakazom, zacznie gorliwie je wypełniać, działając na Twoją niekorzyść. W takim przypadku trudno Ci będzie zmienić swoje życie na lepsze.

Czy znasz skuteczne metody kierowania podświadomością?... Warto je poznać. Najpierw jednak pomyśl przez chwilę, jakie masz nastawienie do odkrywania własnego potencjału, wprowadzania zmian, szukania nowych wyzwań, wytyczania i osiągania celów. Bądź wobec siebie szczery. Czy jesteś otwarty na takie działania? A może nadal masz do nich sceptyczny stosunek? Niedowierzaniem możesz skutecznie zablokować swoje dążenia. Jeśli dotąd na przykład – mimo starań – nie uzyskałeś niezależności finansowej, poszukaj powodów w sobie. Może w głębi duszy uważasz, że pieniądze są „brudne" i nie wypada o nie zabiegać?... Jeśli – mimo licznych prób – nie nauczyłeś się posługiwać językiem obcym, może przeszkadzają Ci w tym głęboko skrywane kompleksy, które podszeptują, że się do tego nie nadajesz?... Dopiero gdy zmienisz nastawienie, będziesz mógł przy pomocy podświadomości zrealizować własne zamierzenia.

Narrator

Czy już wiesz, jakie jest Twoje nastawienie do odkrywania swoich możliwości, wprowadzania zmian oraz osiągania celów?... Jeśli nie potrafisz w tej chwili ustalić tego jednoznacznie, zrób to później. Spokojnie się zastanów. Daj sobie czas. Gdy jednak dostrzeżesz w sobie niedowierzanie i inne negatywne myśli, spróbuj spojrzeć na nie z dystansu, chłodno i racjonalnie. Czy mają one jakiekolwiek realne podstawy?... Czasem, by oczyścić z nich swój umysł, potrzeba pomocy psychologa lub psychoterapeuty, ale przeważnie jesteśmy w stanie sami się z nimi uporać.

Prelegent

Możemy teraz przejść do sedna zagadnienia. Jak dotrzeć do swojej podświadomości i odpowiednio ją zaprogramować?... Jest wiele sprawdzonych sposobów działania. Warto stosować je łącznie. Pierwszy moglibyśmy nazwać filtrowaniem bodźców. Polega na dopuszczaniu do siebie wyłącznie pozytywnych, budujących treści. Zwracajmy uwagę na to, z kim się kontaktujemy, co czytamy, co oglądamy. Rozejrzyjmy się, czy w bliskim otoczeniu nie mamy osób, które działają na nas destrukcyjnie, ponieważ podświadomie przyjmujemy od nich na przykład skłonność do narzekań, marazm, niechęć do twórczego działania. Ludzie wykazujący się takimi cechami skupiają się przeważnie na negatywnych aspektach życia. Dla nich pogoda zawsze jest niedobra, praca nieciekawa, dom nieprzytulny, a każdy człowiek pełen wad. Jeśli nie potrafimy nakłonić ich do zmiany przekonań, lepiej zrezygnujmy ze spotkań z nimi. Ważny jest także dobór lektur, programów telewizyjnych, radiowych oraz filmów. Unikajmy drastycznych, dołujących treści... Szkodliwa jest zwłaszcza telewizja, która oddziałuje na nas i obrazem, i dźwiękiem. Lepiej świadomie wybierać, co chcemy oglądać, niż zadowalać się odbiorem programów „jak leci". Głównym celem większości audycji jest osiągnięcie jak najwyższej oglądalności, która – niestety – wzrasta wyraźnie, jeśli emitowane treści dotyczą wydarzeń dramatycznych i traumatycznych. Te negatywne impulsy rodzą w nas przekonanie, że świat jest wyłącznie zły. A przecież to nieprawda! Dbajmy więc o własną psychikę, dostarczając jej bodźców pozytywnych i budujących.

Znakomitą techniką pozwalającą odblokować tkwiące w człowieku pokłady energii i możliwości jest afirmowanie. Nazywamy tak powtarzanie na głos pozytywnych zdań, zwanych afirmacjami, na temat własnej osoby. Prowadzi ono do utożsamienia się z treścią przekazu. Jakich zdań?... Oto kilka przykładów: „Jestem dobrym człowiekiem", „Z każdym dniem lepiej znam język angielski", „Lubię siebie", „Jestem pewny siebie", „Z każdą chwilą mam więcej energii", „Doskonale radzę sobie z życiem", „Potrafię przekonać innych do własnego projektu". Przykładów mogą być tysiące.

Na pierwszy rzut oka wypowiadanie pochwał na swój temat może wydać Ci się dziwacznym pomysłem. A czy pamiętasz cytowane już w tym wykładzie powiedzenie: „Jesteś tym, co jesz"?... Zgadzasz się z nim, prawda?... Tak samo prawdziwe jest zdanie: „Jesteś taki, jak Twoje myślenie o sobie". Ta metoda rzeczywiście działa i z pewnością jest warta polecenia, chociaż próby wyjaśnienia jej funkcjonowania nie będą skuteczne. Wielu ludzi od lat stosuje afirmowanie. Rezultaty są naprawdę wspaniałe. Dzięki niemu mogą uporać się z wieloma problemami, na przykład z brakiem wiary w siebie, niedostatkiem entuzjazmu i motywacji.

Przed powtarzaniem pozytywnych słów na swój temat warto wprowadzić się w stan relaksu. Żeby go osiągnąć, można zastosować technikę głębokiego oddychania za pomocą przepony albo posłuchać muzyki relaksacyjnej. Im głębiej wejdziesz w stan relaksu, tym lepiej i szybciej dotrą do Ciebie powtarzane treści. Afirmacje należy powtarzać codziennie. Dobrze to zrobić zaraz po przebudzeniu i tuż przed snem, gdyż w tych momentach mamy bliski kontakt z podświadomością. Im więcej powtórzeń, tym lepiej. Kiedy oswoimy się już z naszą afirmacją, zwiększmy liczbę powtórzeń nawet do 200 w skali całego dnia. O skuteczności tej metody decyduje częste powtarzanie, bo właśnie w ten sposób pożądane treści przenikają do naszej podświadomości. Doskonałym pomysłem jest zapisywanie afirmacji i noszenie przy sobie, tak aby można było do nich zajrzeć w chwilach zwątpienia czy smutku. To pomoże złapać wiatr w żagle i popłynąć do celu.

Nic nie jest zbyt piękne, aby mogło być prawdziwe. MICHAEL FARADAY

Od czego zacząć? Wybierz odpowiednie dla siebie zdanie i zapisz je, a następnie przeczytaj głośno 20 razy. Zapewne znowu wyda Ci się to dziwne, ale spróbuj to zrobić. W czasie czytania możesz wodzić palcem po tekście. To dodatkowy bodziec ułatwiający zagnieżdżenie się zdania w mózgu. Potem można afirmację powtarzać z pamięci, ale lepiej nie rezygnować całkowicie z łączenia bodźców wzrokowych i słuchowych.

Jak formułować afirmację? Zawsze w postaci zdania pozytywnego, czyli bez negacji! I zawsze w czasie teraźniejszym!

Podświadomość nie rozumie słowa „nie". Aby pojąć, czemu zaprzecza, musi najpierw to sobie wyobrazić. Tak więc, mówiąc „nie", zaczynamy wizualizować i koncentrować się na tym, o czym nie chcemy myśleć, czego nie chcemy czuć, robić, czego się boimy. Przypomnij sobie, jak reagujesz na komunikaty typu: „Tylko się nie denerwuj", „Nie bój się", „Nie płacz", „Nie myśl teraz o swoim problemie". Takie zdania powodują, że zaczynasz się denerwować, łzy same napływają do oczu, pojawiają się dreszcze strachu lub skupiasz się na problemie. Gdy natomiast usłyszysz: „Uspokój się", „Odważ się", „Rozwiążesz problem", od razu koncentrujesz się na pożądanym stanie. Pamiętaj o konieczności użycia czasu teraźniejszego. Dzięki temu poczujesz się tak, jakbyś już posiadał daną cechę.

Dobra afirmacja brzmi tak: „Mam pewność, że z każdym dniem zbliżam się do realizacji swoich celów", a zła: „Nie przestanę dążyć do osiągania zaplanowanych celów". Widzisz różnicę?... Inne, proste afirmacje mogą brzmieć: „Jestem szczęśliwy", „Jestem radosny", „Jestem wytrwały", „Jestem rozsądny i emanuję spokojem".

Pozytywne myśli są wzmacniane nie tylko poprzez afirmacje i przypominanie sobie spektakularnych biografii wyjątkowych ludzi. Sprzyjają im także przykłady niezwykłych osób, które znamy. Ludzie, którzy mimo ograniczeń wewnętrznych i środowiskowych rozwinęli swój potencjał, żyją wśród nas. Nie tylko w książkach czy w dalekim świecie. Pomyśl, a z pewnością okaże się, że i Ty znasz osoby, które potrafią żyć niebanalnie i inspirująco. Wśród takich ludzi człowiek staje się lepszy. Znajdź kogoś takiego w swoim otoczeniu, obserwuj i ucz się od niego.

Narrator
Jak zbadać swoje możliwości? By odpowiedzieć na to pytanie, rozpoczęliśmy od przyjrzenia się dotychczasowym dokonaniom ludzkości. Między wynalezieniem koła a ekspansją Internetu człowiek przebył niezmierzoną drogę. Stało się tak, bo od niepamiętnych czasów dążył do poprawienia jakości swojego życia. Marzył, by przekraczać horyzonty i realizować niemożliwe. Jak się okazało, „niemożliwe" było tylko stanem wyjściowym. Jeszcze nie tak dawno „niemożliwym" wydawało się przewożenie ludzi i rzeczy drogą powietrzną lub natychmiastowe komunikowanie się pismem i głosem na dalekie odległości. Na wiele chorób nie było skutecznych leków i nie przeprowadzano przeszczepów przedłużających życie. Dziś trwają badania nad teleportacją i stworzeniem komputera wydajniejszego niż ludzki mózg. Jak sądzisz, czy kiedyś się to powiedzie?… Jaką odpowiedź na to pytanie podpowiada Ci historia ludzkości?…

Granice ludzkich możliwości są niezmierzone. Na losy świata wielokrotnie wpływały siły, które potrafił w sobie wyzwolić pojedynczy człowiek. Przypomnieliśmy kilka sylwetek wybitnych postaci, by móc czerpać inspirację z ich doświadczeń. Warto zapamiętać biografię Leonarda da Vinci, Michała Anioła czy George'a Eastmana. A także szlachetne czyny takich postaci, jak Terry Fox. Czy prześledziłeś uważnie drogę, którą przebyli?... Czy zwróciłeś uwagę na to, że wszystkie te postacie łączy wielka wiara we własne możliwości, nieustępliwość w obliczu przeszkód i ogromna wyobraźnia?...

„Człowiek rodzi się po to, by wieść nadzwyczajne życie, robić nadzwyczajne rzeczy i pomóc nadzwyczajnej liczbie ludzi" – warto, żeby słowa Mike'a Litmana stały się dla Ciebie przewodnikiem. Żebyś przekonał się, że powinieneś mierzyć wysoko oraz nie osłabiał swojej motywacji i energii powielaniem negatywnych schematów i zniechęcających stereotypów. Pozbądź się blokad, przyjrzyj temu, jak inni osiągali cele, i czerp inspirację z ich doświadczeń. Sądzisz, że nie masz takich talentów jak ci wybitni ludzie?... Że nie masz wartościowego potencjału?... Masz, bo każdy go ma. Wystarczy, byś go odkrył.

Nie wszyscy jesteśmy obdarzeni spektakularnym talentem, ale każdy z nas ma wrodzone predyspozycje, pozwalające odnieść sukces w jakiejś dziedzinie. To jest właśnie ten potencjał, o którego odkrywaniu mówiliśmy w niniejszym wykładzie. Ostatecznie o życiowej satysfakcji nie decydują zdolności, a raczej motywacja, wewnętrzna siła, która pcha ludzi do przodu i mimo trudności nie pozwala im się poddać. A przede wszystkim właściwe rozpoznanie własnych możliwości.

Obserwując ludzi, którzy wiele osiągnęli, warto zauważyć, że przed podjęciem jakiegoś działania gruntownie się do niego przygotowywali. W tym przypadku spontaniczność nie jest wskazana. Dlatego zanim coś postanowisz, odpowiedz sobie na pytanie: „Dlaczego tego pragnę?". To zrodzi wewnętrzną motywację. Potem czytaj, zbieraj informacje, czerp inspirację z życia ciekawych osób, analizuj, myśl strategicznie i planuj skrupulatnie swoje przedsięwzięcia. A przede wszystkim zrób pierwszy krok.

Warunkiem powodzenia naszych planów jest sprawny umysł, zadbane ciało i wykorzystanie potęgi podświadomości, która kształtuje nasz los. Nie powinieneś ich zaniedbać! Twój organizm to wielkie dobro dane Ci przez Boga. Pracuj systematycznie nad tym, żeby umysł był twórczy, organizm wytrzymywał trudy dochodzenia do celu, a podświadomość, karmiona pozytywnymi przykładami i afirmacjami, pomagała w osiąganiu szczęścia oraz spełnienia.

Część utrwalająca

Porady
1. Zapoznaj się z możliwościami ludzkiego mózgu.
2. Dbaj o umysł. Jeśli go będziesz trenował, nie zawiedzie Cię.
3. Unikaj bierności. Nie spędzaj wolnego czasu przed telewizorem.
4. Dbaj o ciało.
5. Naucz się odpoczywać.
6. Wykorzystuj podświadomość do rozwoju swojego potencjału.
7. Dbaj o to, z kim się kontaktujesz, co czytasz i co oglądasz. Wybieraj treści pozytywne i budujące.
8. Stosuj afirmowanie. Pomoże Ci wzbudzić i utrzymać entuzjazm oraz wzmocni motywację do dalszych działań.
9. Włączaj się w mądre akcje pomocy innym i sam inicjuj takie działania.

Quiz

Znalezienie odpowiedzi na pytania dotyczące wykładu pomoże Ci zapamiętać i utrwalić zawarte w nim treści. Postaraj się odpowiadać samodzielnie, jednak okaże się, że na któreś z pytań nie znasz odpowiedzi, zajrzyj do tekstu wykładu lub przesłuchaj go jeszcze raz. Odszukasz tam potrzebne informacje. W pytaniach otwartych posłuż się swoją wiedzą i doświadczeniem. Klucz z odpowiedziami znajdziesz na s. 182.

1. Kto używał powiedzenia „Dasz sobie radę!?
   a) Henry Ford
   b) Mary Kay Ash
   c) Georg Eastman
   d) Albert Einstein

2. O ile mózg ludzi aktywnych umysłowo jest bardziej rozwinięty (ma więcej połączeń między komórkami nerwowymi) niż ludzi intelektualnie leniwych?
   a) 10%
   b) 20%
   c) 30%
   d) 40%

3. Jak nazywa się część mózgu, w której następuje przenoszenie informacji z pamięci krótkotrwałej do długotrwałej?
   a) kora przedczołowa
   b) kora ruchowa
   c) hipokamp
   d) szyszynka

4. Co oznacza stwierdzenie Immanuela Kanta, że w procesie poznania podmiot warunkuje przedmiot?

a) od człowieka zależy, jak widzi rzeczywistość, to on ją kreuje, nazywa i może zmieniać
b) przedmioty i świat istnieją obiektywnie i funkcjonują niezależnie od człowieka
c) człowiek może zobaczyć tylko wycinek rzeczywistości
d) człowiek jest wyłącznie jednym z przedmiotów rzeczywistości, a nie jej kreatorem

5. Jak wiesz, ćwiczyć można nie tylko sprawność ciała, lecz także sprawność umysłu. Wypisz metody treningu mózgu, które zapamiętałeś z wykładu.

. . . .

. . . .

. . . .

6. Przesuwanie granic możliwości ludzkiego ciała wyraźnie widoczne jest w sporcie. W ciągu 80 lat w skoku wzwyż potencjał człowieka wzrósł o prawie:
a) 15%
b) 25%
c) 35%
d) 45%

7. Jaki był cel Maratonu Nadziei, biegu podjętego przez Terry'ego Foxa, młodego człowieka, któremu amputowano nogę, gdy zachorował na raka kości?
a) zebranie pieniędzy na własne leczenie
b) zebranie pieniędzy dla chorych na raka i zwrócenie uwagi na ich problemy
c) udowodnienie sobie własnej mocy
d) chęć zostania bohaterem

8. **Istnieją różne modele opisujące psychikę. Kto dokonał podziału psychiki człowieka na trzy sfery: ego, id i superego?**
   a) Immanuel Kant
   b) Władysław Tatarkiewicz
   c) Albert Einstein
   d) Zygmunt Freud

9. **Podświadomość, zwana „id", to:**
   a) świadoma część naszej psychiki – pamięć, wyobraźnia, plany, marzenia
   b) nieświadoma energia, impulsy prowokujące nas do działania, źródło naszych pragnień i niepokojów
   c) sfera moralna człowieka, odpowiadająca za nasze wybory i czuwająca nad naszym postępowaniem
   d) całość działań psychiki człowieka

10. Co to jest afirmowanie?
a) pochwała życia
b) chwalenie innych
c) mówienie innym miłych słów mimo braku podstaw
d) powtarzanie na głos pozytywnych zdań na temat własnej osoby

11. Wymień trzy sposoby wzmacniania pozytywnych myśli.

. . . .

. . . .

. . . .

. . . .

. . . .

. . . .

. . . .

Ćwiczenie 1

Wiesz już doskonale, że mózg, jak każdy nieużywany organ człowieka, zaczyna pracować gorzej. Spróbuj poćwiczyć swoją pamięć. Czy pamiętasz, co znaczyły wyrazy, których wyjaśnienie znalazło się w pierwszym wykładzie tego pakietu? Spróbuj je zdefiniować. Jeśli nie pamiętasz ich znaczenia, zajrzyj do poprzedniego podręcznika lub odszukaj wyjaśnienie w słowniku.

altruizm ....

....

eudajmonia ....

....

felicytologia ....

....

hedonizm ....

....

coach . . . .

. . . .

wizualizacja . . . .

. . . .

wolontariat . . . .

. . . .

Ćwiczenie 2

Aby zachować na długo zdrowie i sprawność ciała, warto w pierwszym rzędzie zadbać o odpowiednie odżywianie. Zastanów się nad tym, czym się odżywiasz. Obserwuj swoje zwyczaje żywieniowe w ciągu najbliższego tygodnia. Chodzi nie tylko o to, co stanowi posiłki główne, ale zwróć uwagę także na to, co podjadasz lub popijasz między posiłkami i wieczorem. Każdy składnik pożywienia wpisuj do odpowiedniej rubryki. W razie wątpliwości, sprawdź w Internecie, gdzie zaklasyfikować dany produkt. Pod koniec tygodnia zobacz, czego było więcej: produktów zdrowych i naturalnych, czy niezdrowych i przetworzonych. Zacznij świadomie rezygnować z tzw. jedzenia śmieciowego i spożywaj tylko to, co sprzyja Twojemu organizmowi.

ZDROWE	NIEZDROWE

Ćwiczenie 3

Większość z nas nauczyła się już, kupując różne produkty spożywcze, sprawdzać datę ich przydatności. Niewielu jednak sprawdza ich skład. Weź do ręki opakowania z trzema rodzajami ulubionego pożywienia. Przepisz skład. Jeśli są tam nazwy, których nie rozumiesz, sprawdź w Internecie, co oznaczają. Przy każdym składniku wpisz „+", jeśli jest naturalny i zdrowy, natomiast „–", jeśli to składnik sztuczny, związek chemiczny mający poprawiać smak, konsystencję lub konserwować produkt. Przyjrzyj się potem, czego jest więcej: plusów czy minusów. Niech od tej pory przyglądanie się składowi kupowanych produktów stanie się Twoim nawykiem.

Produkt 1 . . . .

. . . .

. . . .

. . . .

Produkt 2 . . . .

. . . .

. . . .

. . . .

Produkt 3 . . . .

. . . .

. . . .

. . . .

Ćwiczenie 4

Codzienna aktywność fizyczna jest jednym z nawyków. Jeśli jeszcze tego nie zrobiłeś, spróbuj go w sobie wyrobić. Przeznacz na nordic walking, jogging, siłownię, pływalnię czy inny rodzaj sportu godzinę dziennie (na początek może być pół godziny). Najlepsza byłaby stała pora, jednak nie zawsze to jest możliwe. Przygotuj więc sobie plan na cały tydzień, a potem staraj się go trzymać. Nie ustępuj przed pretekstami, które będą pojawiać się w Twojej głowie i odwodzić Cię od myśli o ćwiczeniach. Zaplanuj dla siebie nagrodę, jeśli wytrwasz w postanowieniu.

Dzień tygodnia	Godzina (od do)	Rodzaj aktywności fizycznej
Poniedziałek		
Wtorek		
Środa		
Czwartek		
Piątek		
Sobota		
Niedziela		

Nagroda za wytrwałość . . . .

. . . .

. . . .

. . . .

. . . .

Ćwiczenie 5

Poprzednie ćwiczenie polegało na przygotowaniu planu aktywności fizycznej na tydzień. Obecnie Twoim zadaniem będzie ułożenie trzech afirmacji (pozytywnych zdań motywujących do działania), które pomogą Ci wytrwać w postanowieniu. Afirmacje powinny być sformułowane w czasie teraźniejszym, tak jakbyś już osiągnął to, co zamierzasz. Powinno się je odczytywać lub wymawiać głośno kilkadziesiąt razy rano i wieczorem. Dobrze jest kartkę z afirmacjami nosić przy sobie i w ciągu pierwszych kilku dni afirmowania przypominać sobie zapisane na niej zdania w każdej wolnej chwili.

Przykład: Ćwiczenia fizyczne (bieganie, pływanie, aerobik...) są dla mnie prawdziwym odpoczynkiem i sprawiają mi radość.

....

....

....

Ćwiczenie 6

Afirmowanie można stosować także w celu poprawy jakości własnej pracy i stymulowania osiągnięć zawodowych. Postępując według zasad przypomnianych w poprzednim ćwiczeniu, ułóż kilka afirmacji, które będą przydatne w Twoim życiu zawodowym. Mogą dotyczyć relacji z przełożonymi lub współpracownikami, wzmocnienia przydatnych cech charakteru bądź innego aspektu Twojej pracy.

Przykład: Odważnie, ale z szacunkiem dla innych, wyrażam swoje zdanie.

....

....

....

....

....

....

Przemyślenia

Poniżej są zamieszczone fragmenty wykładu, które mogą stanowić materiał do osobistych przemyśleń. Pod każdym znajdziesz krótkie zaproszenie do dyskusji i miejsce na komentarz. Unikaj ogólników. Staraj się, by Twoja wypowiedź była jak najbardziej konkretna i konstruktywna.

Inspiracja 1

Każdy człowiek dysponuje katalogiem słów, które determinują jego codzienne postępowanie. Słowa z pozytywnym zabarwieniem to na przykład: „Tak", „Chcę", „Potrafię". Umysł, przywołując je, samoczynnie ukierunkowuje się na zadania, które w konsekwencji przynoszą wymierne efekty. Ci, którzy posługują się głównie sformułowaniami typu: „Będzie ciężko", „To trudne", stoją w miejscu, nie mają wiary, że wysiłek się opłaci.

Przeczytaj ten fragment jeszcze raz. Zastanów się, jak odczuwasz słowa: „Tak", „Chcę", „Potrafię", a jak: „Będzie ciężko", „To trudne". Czy zauważyłeś, że jeśli cokolwiek chcesz zrobić, a pojawi się gdzieś w głębi Twojego umysłu myśl „Nie chce mi się", usłużna podświadomość natychmiast podsunie Ci mnóstwo istotnych wymówek, byś mógł odsunąć lub odwlec działanie? Czy nie oznacza to, że jeśli postarasz się szybko zastąpić tę myśl inną, na przykład: „Chcę to zrobić teraz!", to równie usłużnie otrzymasz od podświadomości uzasadnienie nowego postanowienia?

Inspiracja 2

Jeśli założymy, że nasze szczęście lub nieszczęście nie zależy od zewnętrznych czynników, lecz od nas samych... od tego, jak myślimy... zyskamy radosną świadomość, że to my sami mamy wpływ na swoje życie. Uwierzymy, że możemy robić niemal wszystko, co chcemy. Dzięki swojemu umysłowi!

Jest takie powiedzenie, że najlepsze miejsce na namiot jest zawsze obok miejsca, w którym go rozbiliśmy. Nie sądzisz, że podobnie myślimy o własnym życiu? To inni mają możliwości, inni mają pomysły, inni trafiają na dobre okazje. My nie! A może inni po prostu badają swoje możliwości i szukają swoich szans na rozwój? Czy nie warto, byśmy dołączyli do tej grupy? Może dobrze by było się odważyć i zrobić pierwszych kilka kroków? Każdy następny będzie łatwiejszy!

. . . .

. . . .

. . . .

Inspiracja 3

Organizm ludzki to wielka fabryka. Jest w nim to, czego potrzebujemy, by przeżyć fizycznie. Ale nie tylko! Znajdziemy w nim wszystko, co umożliwi nam wyzwalanie radości i szczęścia. Ludzki organizm kryje w sobie niezwykłą moc i wytrzymałość.

W sumie to nasz organizm niewiele od nas wymaga. Większość robi sam, bez naszej wiedzy i zgody. Zapewnia nam możliwość poruszania się, kontaktowania ze światem poprzez zmysły. Czy spróbowałeś sobie wyobrazić kiedyś, że musisz kierować tą fabryką sam? Że musisz pamiętać, by serce biło, płuca się poruszały? Musisz sam dodawać odpowiednich substancji do pożywienia, żeby przetworzyć je na odżywkę dla Twoich tkanek? Ile czasu zajęłoby Ci zajmowanie się tym, co teraz Twoje ciało robi bezwiednie? To zaoszczędzony czas! Może warto wykorzystać go na działanie?

. . . .

. . . .

Inspiracja 4

Istotą wpływania na podświadomość jest działanie na poziomie świadomości. Podstawą będzie rzetelna wiedza z odpowiednio dobranych, sprawdzonych i kompetentnych źródeł. Dzięki niej możemy wydawać polecenia swojej podświadomości, a wówczas ona podsunie nam rozwiązania problemów i wyposaży w narzędzia do osiągania celów. Jak to możliwe?... W jednej z książek świadomość porównano do zarządu firmy, a podświadomość do jej pracowników, którzy realizują zadania wyznaczone przez zarząd.

Przeczytaj jeszcze raz ostatnie zdanie. Przykład z firmą jest doskonały, żeby zrozumieć działanie podświadomości. Jeśli firma ma zarząd, to wiele zależy od jego funkcjonowania. Decyzje, które zarząd podejmie, będą wcielane w życie przez pracowników. W dobrych firmach mają oni możliwość wyrażania swojej opinii, ale ostatecznie to nie oni podejmują wiążące postanowienia. Za to będą je realizować. Kto będzie odpowiedzialny za efekty? Zarząd czy pracownicy? Pomyśl teraz o swojej świadomości i podświadomości. To świadomość podejmuje decyzje, a podświadomość je realizuje. Czy tę informację możesz wykorzystać w swoim życiu?

Inspiracja 5

Zwracajmy uwagę na to, z kim się kontaktujemy, co czytamy, oglądamy. Rozejrzyjmy się, czy w bliskim otoczeniu nie znajdują się osoby, które działają na nas destrukcyjnie, ponieważ podświadomie przyjmujemy od nich na przykład skłonność do narzekań, marazm, niechęć do twórczego działania. Osoby wykazujące się takimi cechami skupiają się przeważnie na negatywnych aspektach życia.

Bardzo ważne jest, by kontakty z innymi, lektury, filmy, audycje telewizyjne i radiowe, pomagały nam w doskonaleniu własnego życia i podtrzymywały w nas pozytywne myślenie. Czy można coś poradzić na to, jeśli w naszym otoczeniu wiele osób ma skłonność do narzekania i czarnowidztwa? Czy udaje się skierować rozmowę z takimi osobami na dobre tory? Czy lepiej odejść i się nie odzywać, czy może nie zwracać uwagi na to, co mówią? Jak sobie z tym radzisz?

. . . .

. . . .

Inspiracja 6

Ludzie, którzy mimo ograniczeń wewnętrznych i środowiskowych rozwinęli swój potencjał, żyją wśród nas. Są nie tylko gdzieś daleko, nie tylko w książkach czy w świecie biznesu. Pomyśl, z pewnością okaże się, że i Ty znasz osoby, które potrafią żyć niebanalnie i inspirująco. Wśród takich ludzi człowiek staje się lepszy.

Oglądając programy telewizyjne, czytając biografie sławnych ludzi niektórzy z nas gotowi są żałować, że nie spotkali na swojej drodze takiego człowieka. Nie zawsze jest to prawda. Niekiedy zwyczajnie nie dostrzegamy ludzi, którzy mogliby stanowić dla nas nie tyle nawet przykład, co inspirację. Zwykle są skromni, nie pchają się na mównice, nie rozprawiają głośno o swoich zaletach. Czy spróbowałeś kiedyś zastanowić się nad osobami z własnego otoczenia? Tymi właśnie, którzy trzymają się nieco na uboczu i żyją swoim pełnym satysfakcji życiem, tylko Ty jeszcze tego nie zauważasz. Może mogłyby wpłynąć pozytywnie na Twoje myślenie i zmotywować Cię do działania?

Rozwiązanie quizu ze s. 150
1. b – Mary Kay Ash
2. d – 40%
3. c – hipokamp
4. a – od człowieka zależy, jak widzi rzeczywistość, to on ją kreuje, nazywa i może zmieniać
5. np. uczenie się, pisanie, rozwiązywanie krzyżówek i zadań logicznych, nauka nowych słówek w języku ojczystym i obcym, czytanie, wspominanie, aktywność fizyczna na świeżym powietrzu
6. b – 25%
7. b – zebranie pieniędzy dla chorych na raka i zwrócenie uwagi na ich problemy
8. d – Zygmunt Freud
9. b – nieświadoma energia, impulsy prowokujące nas do działania, źródło naszych pragnień i niepokojów
10. d – powtarzanie na głos pozytywnych zdań na temat własnej osoby
11. np. afirmowanie, czytanie biografii wyjątkowych ludzi, spotykanie się z pozytywnymi osobami z własnego otoczenia, właściwe lektury i audycje radiowe czy telewizyjne, korzystanie z rad dobrych trenerów i coachów

Notatki

Notatki

Notatki

Słowniczek

aerodynamika
Dział fizyki badający zjawiska związane z ruchem gazów oraz ruch ciał stałych i siły na nie działające w ośrodku gazowym.

afirmacja
Zdanie, które wielokrotnie powtarzane wpływa na osobowość człowieka. Warunek: zdanie musi być sformułowane w formie twierdzącej i w czasie teraźniejszym.

altruizm
Nastawienie nie tylko na siebie, lecz także na innych. Jest konieczny do osiągnięcia prawdziwego szczęścia.

bionika
Dyscyplina nauki zajmująca się badaniem procesów odkrytych w przyrodzie pod kątem możliwości ich wykorzystania w technice.

coach
Trener osobowości.

dialog wewnętrzny
Rozmowa z samym sobą, kluczowe narzędzie pracy nad samorozwojem. Dialogu wewnętrznego można się nauczyć.

ego (ja, jaźń)
Według teorii psychoanalizy Freuda to świadoma część psychiki człowieka, zawierająca: pamięć, wyobraźnię, plany i marzenia.

elektromagnetyzm
Dział fizyki, który bada współzależność występującą między zjawiskami magnetycznymi i elektrycznymi, np. zachowanie się przewodników w polu magnetycznym czy indukcję elektromagnetyczną.

empatia
Zdolność współodczuwania z innymi i widzenia świata ich oczami pozwalająca na udzielanie szczerej pomocy.

eudajmonia
Określenie szczęścia używane przez starożytnych Greków.

felicytologia
Nauka o szczęściu. Poszukuje sposobów dochodzenia do życia szczęśliwego i opisuje je.

flop
Metoda pokonywania poprzeczki w skoku wzwyż, polegająca na takim ułożeniu ciała skoczka, by jego środek ciężkości przechodził pod poprzeczką.

fonograf
Urządzenie do zapisywania i odtwarzania dźwięku, skonstruowane przez Thomasa Edisona, poprzednik gramofonu.

genomika
Dziedzina nauki, której głównym celem jest poznanie sekwencji materiału genetycznego. Badacze wierzą, że dzięki temu będzie można skuteczniej zapobiegać chorobom i nie dopuszczać do ich powstawania, nawet jeśli są uwarunkowane genetycznie.

hedonizm
Teoria filozoficzna, zgodnie z którą szczęście to doznawanie przyjemności. W niektórych odmianach hedonizmu przyjemność jest rozumiana jako brak cierpienia.

hipokamp
Część mózgu, w której następuje przenoszenie informacji z pamięci krótkotrwałej do długotrwałej.

HTML
Język hipertekstowy, w którym tworzone są strony internetowe.

id (ono)
Według psychoanalizy Freuda to podświadomość, nieuświadomiona energia, impulsy prowokujące do działania. To źródło naszych pragnień i niepokojów.
Zawarta jest w nim miłość i popęd seksualny.

inspiracja
Sugerowanie działania, sugestia, zachęta, wpływ wywierany na kogoś.

motywacja
Stan gotowości do podjęcia określonego działania, wzbudzony potrzebą zespół procesów psychicznych i fizjologicznych, określający podloże zachowań i ich zmian.

mowa
Sposób porozumiewania się właściwy wyłącznie ludziom. Aby się nią posługiwać, konieczna jest znajomość systemu językowego.

ogniwo galwaniczne
Układ złożony z dwóch elektrod zanurzonych w elektrolicie. Służy do przekształcania energii chemicznej w energię prądu stałego.

podświadomość
Część psychiki, której istnienia człowiek często nie dostrzega. Jest odpowiedzialna za większość zdarzeń w naszym życiu.

potencjał
Tu: znajdujący się w każdym człowieku ładunek mocy i możliwości twórczych.

pozytywne myślenie
Świadome zauważanie pozytywnych aspektów każdej sytuacji, dostrzeganie w ludziach i zdarzeniach ich dobrych stron.

pozytywnych myśli wzmacnianie
Pozytywne myśli można i należy wzmacniać, np. poprzez: afirmowanie, czytanie biografii wyjątkowych ludzi, spotykanie się z pozytywnymi osobami z własnego otoczenia, właściwe lektury i audycje radiowe oraz telewizyjne, korzystanie z rad dobrych trenerów i coachów.

psychoanaliza
Kierunek w psychologii oraz metoda psychoterapii stworzone na przełomie XIX i XX w. przez Zygmunta Freuda. Opiera się na przekonaniu, że osobowość człowieka dzieli się na: ego (świadomość), id (popędy i instynkty) oraz superego (ideały i normy moralne).

stres
Reakcja organizmu na bodźce. W niewielkiej dawce mobilizuje do działania, w dużej – para-

liżuje. Może doprowadzić do chorób psychicznych i fizycznych, a nawet do śmierci.

superego
Według psychoanalizy Freuda to trzeci poziom psychiki, odpowiedzialny za nasze postępowanie i wybory, na które mają wpływ wzorce kulturowe, tradycja, normy moralne oraz wynikające z nich sumienie i poczucie obowiązku.

sutra
Staroindyjski zbiór wierszowanych wskazówek z różnych dziedzin, m.in. filozofii, prawa, religii. Najbardziej znana jest Diamentowa sutra, zbiór pouczeń dawanych przez Buddę jednemu z mnichów.

świadomość
Stan psychiczny, w którym człowiek zdaje sobie sprawę z procesów wewnętrznych oraz zjawisk zachodzących w środowisku zewnętrznym.

talent
Zdolność, możliwość wykonywania czegoś w stopniu doskonałym.

telegraf
Urządzenie do przekazywania informacji tekstowych na odległość.

tournée
Następujące po sobie koncerty artysty w ustalonych wcześniej miejscach i terminach; inaczej trasa koncertowa.

wizualizacja
Tutaj: dokładne wyobrażenie sobie danej sytuacji z zakończeniem w wersji optymistycznej.

wolontariat
Dobrowolne i niezarobkowe wspieranie własną pracą wybranej przez siebie działalności i inicjatywy.

World Wide Web
Powszechny, ogólnoświatowy, hipertekstowy, multimedialny i internetowy system informacji oparty na publicznie dostępnych standardach.

Źródła i inspiracje

Albright M., Carr C., *Największe błędy menedżerów*, Warszawa 1997.

Allen B.D., Allen W.D., *Formuła 2+2. Skuteczny coaching*, Warszawa 2006.

Anderson Ch., *Za darmo: przyszłość najbardziej radykalnej z cen*, Kraków 2011.

Anthony R., *Pełna wiara w siebie*, Warszawa 2005.

Ariely D., *Zalety irracjonalności. Korzyści z postępowania wbrew logice w domu i pracy*, Wrocław 2010.

Bates W.H., *Naturalne leczenie wzroku bez okularów*, Katowice 2011.

Bettger F., *Jak umiejętnie sprzedawać i zwielokrotnić dochody*, Warszawa 1995.

Blanchard K., Johnson S., *Jednominutowy menedżer*, Konstancin-Jeziorna 1995.

Blanchard K., O'Connor M., *Zarządzanie poprzez wartości*, Warszawa 1998.

Bogacka A.W., *Zdrowie na talerzu*, Białystok 2008.

Bollier D., *Mierzyć wyżej. Historie 25 firm, które osiągnęły sukces, łącząc skuteczne zarządzanie z realizacją misji społecznych*, Warszawa 1999.

Bond W.J., *199 sytuacji, w których tracimy czas, i jak ich uniknąć*, Gdańsk 1995.

Bono E. de, *Dziecko w szkole kreatywnego myślenia*, Gliwice 2010.

Bono E. de, *Sześć kapeluszy myślowych*, Gliwice 2007.

Bono E. de, *Sześć ram myślowych*, Gliwice 2009.

Bono E. de, *Wodna logika. Wypłyń na szerokie wody kreatywności*, Gliwice 2011.

Bossidy L., Charan R., *Realizacja. Zasady wprowadzania planów w życie*, Warszawa 2003.

Branden N., *Sześć filarów poczucia własnej wartości*, Łódź 2010.

Branson R., *Zaryzykuj – zrób to! Lekcje życia*, Warszawa-Wesoła 2012.

Brothers J., Eagan E, *Pamięć doskonała w 10 dni*, Warszawa 2000.

Buckingham M., *To jedno, co powinieneś wiedzieć... o świetnym zarządzaniu, wybitnym przywództwie i trwałym sukcesie osobistym*, Warszawa 2006.

Buckingham M., *Wykorzystaj swoje silne strony. Użyj dźwigni swojego talentu*, Warszawa 2010.

Buckingham M., Clifton D.O., *Teraz odkryj swoje silne strony*, Warszawa 2003.

Butler E., Pirie M., *Jak podwyższyć swój iloraz inteligencji?*, Gdańsk 1995.

Buzan T., *Mapy myśli*, Łódź 2008.

Buzan T., *Pamięć na zawołanie*, Łódź 1999.

Buzan T., *Podręcznik szybkiego czytania*, Łódź 2003.

Buzan T., *Potęga umysłu. Jak zyskać sprawność fizyczną i umysłową: związek umysłu i ciała*, Warszawa 2003.

Buzan T., Dottino T., Israel R., *Zwykli ludzie – liderzy. Jak maksymalnie wykorzystać kreatywność pracowników*, Warszawa 2008.

Carnegie D., *I ty możesz być liderem*, Warszawa 1995.

Carnegie D., *Jak przestać się martwić i zacząć żyć*, Warszawa 2011.

Carnegie D., *Jak zdobyć przyjaciół i zjednać sobie ludzi*, Warszawa 2011.

Carnegie D., *Po szczeblach słowa. Jak stać się doskonałym mówcą i rozmówcą*, Warszawa 2009.

Carnegie D., Crom M., Crom J.O., *Szkoła biznesu. O pozyskiwaniu klientów na zawsze*, Warszawa 2003.

Cialdini R., *Wywieranie wpływu na ludzi*, Gdańsk 1998.

Clegg B., *Przyspieszony kurs rozwoju osobistego*, Warszawa 2002.

Cofer C.N., Appley M.H., *Motywacja: teoria i badania*, Warszawa 1972.

Cohen H., *Wszystko możesz wynegocjować. Jak osiągnąć to, co chcesz*, Warszawa 1997.

Covey S.R., *3. rozwiązanie*, Poznań 2012.

Covey S.R., *7 nawyków skutecznego działania*, Poznań 2007.

Covey S.R., *8. nawyk*, Poznań 2006.

Covey S.R., Merrill A.R., Merrill R.R., *Najpierw rzeczy najważniejsze*, Warszawa 2007.

Craig M., *50 najlepszych (i najgorszych) interesów w historii biznesu*, Warszawa 2002.

Csikszentmihalyi M., *Przepływ: psychologia optymalnego doświadczenia*, Wrocław 2005.

Davis R.C., Lindsmith B., *Ludzie renesansu: umysły, które ukształtowały erę nowożytną*, Poznań 2012.

Davis R.D., Braun E.M., *Dar dysleksji. Dlaczego niektórzy zdolni ludzie nie umieją czytać i jak mogą się nauczyć*, Poznań 2001.

Dearlove D., *Biznes w stylu Richarda Bransona. 10 tajemnic twórcy megamarki*, Gdańsk 2009.

DeVos D., *Podstawy wolności. Wartości decydujące o sukcesie jednostek i społeczeństw*, Konstancin-Jeziorna 1998.

DeVos R.M., Conn Ch.P., *Uwierz! Credo człowieka czynu, współzałożyciela Amway Corporation, hołdującego zasadom, które uczyniły Amerykę wielką*, Warszawa 1994.

Dixit A.K., Nalebuff B.J., *Myślenie strategiczne. Jak zapewnić sobie przewagę w biznesie, polityce i życiu prywatnym*, Gliwice 2009.

Dixit A.K., Nalebuff B.J., *Sztuka strategii. Teoria gier w biznesie i życiu prywatnym*, Warszawa 2009.

Dobson J., *Jak budować poczucie wartości w swoim dziecku*, Lublin 1993.

Doskonalenie strategii (seria Harvard Bussines Review), praca zbiorowa, Gliwice 2006.

Dryden G., Vos J., *Rewolucja w uczeniu*, Poznań 2000.

Dyer W.W., *Kieruj swoim życiem*, Warszawa 2012.

Dyer W.W., *Pokochaj siebie*, Warszawa 2008.

Edelman R.C., Hiltabiddle T.R., Manz Ch.C., *Syndrom miłego człowieka*, Gliwice 2010.

Eichelberger W., Forthomme P., Nail F., *Quest. Twoja droga do sukcesu. Nie ma prostych recept na sukces, ale są recepty skuteczne*, Warszawa 2008.

Enkelmann N.B., *Biznes i motywacja*, Łódź 1997.

Eysenck H. i M., *Podpatrywanie umysłu. Dlaczego ludzie zachowują się tak, jak się zachowują?*, Gdańsk 1996.

Ferriss T., *4-godzinny tydzień pracy. Nie bądź płatnym niewolnikiem od 7.00 do 17.00*, Warszawa 2009.

Flexner J.T., *Waschington. Człowiek niezastąpiony*, Warszawa 1990.

Forward S., Frazier D., *Szantaż emocjonalny: jak obronić się przed manipulacją i wykorzystaniem*, Gdańsk 2011.

Frankl V.E., *Człowiek w poszukiwaniu sensu*, Warszawa 2009.

Fraser J.F., *Jak Ameryka pracuje*, Przemyśl 1910.

Freud Z., *Wstęp do psychoanalizy*, Warszawa 1994.

Fromm E., *Mieć czy być*, Poznań 2009.

Fromm E., *Niech się stanie człowiek. Z psychologii etyki*, Warszawa 2005.

Fromm E., *O sztuce miłości*, Poznań 2002.

Fromm E., *O sztuce słuchania. Terapeutyczne aspekty psychoanalizy*, Warszawa 2002.

Fromm E., *Serce człowieka. Jego niezwykła zdolność do dobra i zła*, Warszawa 2000.

Fromm E., *Ucieczka od wolności*, Warszawa 2001.

Fromm E., *Zerwać okowy iluzji*, Poznań 2000.

Galloway D., *Sztuka samodyscypliny*, Warszawa 1997.

Gardner H., *Inteligencje wielorakie – teoria w praktyce*, Poznań 2002.

Gawande A., *Potęga checklisty: jak opanować chaos i zyskać swobodę w działaniu*, Kraków 2012.

Gelb M.J., *Leonardo da Vinci odkodowany*, Poznań 2005.

Gelb M.J., Miller Caldicott S., *Myśleć jak Edison*, Poznań 2010.

Gelb M.J., *Myśleć jak geniusz*, Poznań 2004.

Gelb M.J., *Myśleć jak Leonardo da Vinci*, Poznań 2001.

Giblin L., *Umiejętność postępowania z innymi...*, Kraków 1993.

Girard J., Casemore R., *Pokonać drogę na szczyt*, Warszawa 1996.

Glass L., *Toksyczni ludzie*, Poznań 1998.

Godlewska M., *Jak pokonałam raka*, Białystok 2011.

Godwin M., *Kim jestem? 101 dróg do odkrycia siebie*, Warszawa 2001.

Goleman D., *Inteligencja emocjonalna*, Poznań 2002.

Gordon T., *Wychowywanie bez porażek szefów, liderów, przywódców*, Warszawa 1996.

Gorman T., *Droga do skutecznych działań. Motywacja*, Gliwice 2009.

Gorman T., *Droga do wzrostu zysków. Innowacja*, Gliwice 2009.

Greenberg H., Sweeney P., *Jak odnieść sukces i rozwinąć swój potencjał*, Warszawa 2007.

Habeler P., Steinbach K., *Celem jest szczyt*, Warszawa 2011.

Hamel G., Prahalad C.K., *Przewaga konkurencyjna jutra*, Warszawa 1999.

Hamlin S., *Jak mówić, żeby nas słuchali*, Poznań 2008.

Hill N., *Klucze do sukcesu*, Warszawa 1998.

Hill N., *Magiczna drabina do sukcesu*, Warszawa 2007.

Hill N., *Myśl!... i bogać się. Podręcznik człowieka interesu*, Warszawa 2012.

Hill N., *Początek wielkiej kariery*, Gliwice 2009.

Ingram D.B., Parks J.A., *Etyka dla żółtodziobów, czyli wszystko, co powinieneś wiedzieć o...*, Poznań 2003.

Jagiełło J., Zuziak W. [red.], *Człowiek wobec wartości*, Kraków 2006.

James W., *Pragmatyzm*, Warszawa 2009.

Jamruszkiewicz J., *Kurs szybkiego czytania*, Chorzów 2002.

Johnson S., *Tak czy nie. Jak podejmować dobre decyzje*, Konstancin-Jeziorna 1995.

Jones Ch., *Życie jest fascynujące*, Konstancin-Jeziorna 1993.

Kanter R.M., *Wiara w siebie. Jak zaczynają się i kończą dobre i złe passy*, Warszawa 2006.

Keller H., *Historia mojego życia*, Warszawa 1978.

Kirschner J., *Zwycięstwo bez walki. Strategie przeciw agresji*, Gliwice 2008.

Koch R., *Zasada 80/20. Lepsze efekty mniejszym nakładem sił i środków*, Konstancin-Jeziorna 1998.

Kopmeyer M.R., *Praktyczne metody osiągania sukcesu*, Warszawa 1994.

Ksenofont, *Cyrus Wielki. Sztuka zwyciężania*, Warszawa 2008.

Kuba A., Hausman J., *Dzieje samochodu*, Warszawa 1973.

Kumaniecki K., *Historia kultury starożytnej Grecji i Rzymu*, Warszawa 1964.

Lamont G., *Jak podnieść pewność siebie*, Łódź 2008.

Leigh A., Maynard M., *Lider doskonały*, Poznań 1999.

Littauer F., *Osobowość plus*, Warszawa 2007.

Loreau D., *Sztuka prostoty*, Warszawa 2009.

Lott L., Intner R., Mendenhall B., *Autoterapia dla każdego. Spróbuj w osiem tygodni zmienić swoje życie*, Warszawa 2006.

Maige Ch., Muller J.-L., *Walka z czasem. Atut strategiczny przedsiębiorstwa*, Warszawa 1995.

Mansfield P., *Jak być asertywnym*, Poznań 1994.

Martin R., *Niepokorny umysł. Poznaj klucz do myślenia zintegrowanego*, Gliwice 2009.

Maslow A., *Motywacja i osobowość*, Warszawa 2009.

Matusewicz Cz., *Wprowadzenie do psychologii*, Warszawa 2011.

Maxwell J.C., *21 cech skutecznego lidera*, Warszawa 2012.

Maxwell J.C., *Tworzyć liderów, czyli jak wprowadzać innych na drogę sukcesu*, Konstancin-Jeziorna 1997.

Maxwell J.C., *Wszyscy się komunikują, niewielu potrafi się porozumieć*, Warszawa 2011.

McCormack M.H., *O zarządzaniu*, Warszawa 1998.

McElroy K., *Jak inwestować w nieruchomości. Znajdź ukryte zyski, których większość inwestorów nie dostrzega*, Osielsko 2008.

McGee P., *Pewność siebie. Jak mała zmiana może zrobić wielką różnicę*, Gliwice 2011.

McGrath H., Edwards H., *Trudne osobowości. Jak radzić sobie ze szkodliwymi zachowaniami innych oraz własnymi*, Poznań 2010.

Mellody P., Miller A.W., Miller J.K., *Toksyczna miłość i jak się z niej wyzwolić*, Warszawa 2013.

Melody B., *Koniec współuzależnienia*, Poznań 2002.

Miller M., *Style myślenia*, Poznań 2000.

Mingotaud F., *Sprawny kierownik. Techniki osiągania sukcesów*, Warszawa 1994.

MJ DeMarco, *Fastlane milionera*, Katowice 2012.

Morgenstern J., *Jak być doskonale zorganizowanym*, Warszawa 2000.

Nay W.R., *Związek bez gniewu. Jak przerwać błędne koło kłótni, dąsów i cichych dni*, Warszawa 2011.

Nierenberg G.I., *Ekspert. Czy nim jesteś?*, Warszawa 2001.

Ogger G., *Geniusze i spekulanci, Jak rodził się kapitalizm*, Warszawa 1993.

Osho, *Księga zrozumienia. Własna droga do wolności*, Warszawa 2009.

Parkinson C.N., *Prawo pani Parkinson*, Warszawa 1970.

Peale N.V., *Entuzjazm zmienia wszystko. Jak stać się zwycięzcą*, Warszawa 1996.

Peale N.V., *Możesz, jeśli myślisz, że możesz*, Warszawa 2005.

Peale N.V., *Rozbudź w sobie twórczy potencjał*, Warszawa 1997.

Peale N.V., *Uwierz i zwyciężaj. Jak zaufać swoim myślom i poczuć pewność siebie*, Warszawa 1999.

Pietrasiński Z., *Psychologia sprawnego myślenia*, Warszawa 1959.

Pilikowski J., *Podróż w świat etyki*, Kraków 2010.

Pink D.H., *Drive*, Warszawa 2011.

Pirożyński M., *Kształcenie charakteru*, Poznań 1999.

Pismo Święte Starego i Nowego Testamentu. Biblia Tysiąclecia, Warszawa 2002.

Pismo Święte w Przekładzie Nowego Świata, 1997.

Popielski K., *Psychologia egzystencji. Wartości w życiu*, Lublin 2009.

Poznaj swoją osobowość, Bielsko-Biała 1996.

Przemieniecki J., *Psychologia jednostki. Odkoduj szyfr do swego umysłu*, Warszawa 2008.

Pszczołowski T., *Umiejętność przekonywania i dyskusji*, Gdańsk 1998.

Reiman T., *Potęga perswazyjnej komunikacji*, Gliwice 2011.

Robbins A., *Nasza moc bez granic. Skuteczna metoda osiągania życiowych sukcesów za pomocą NLP*, Konstancin-Jeziorna 2009.

Robbins A., *Obudź w sobie olbrzyma... i miej wpływ na całe swoje życie – od zaraz*, Poznań 2002.

Robbins A., *Olbrzymie kroki*, Warszawa 2001.

Robert M., *Nowe myślenie strategiczne: czyste i proste*, Warszawa 2006.

Robinson J.W., *Imperium wolności. Historia Amway Corporation*, Warszawa 1997.

Rose C., Nicholl M.J., *Ucz się szybciej, na miarę XXI wieku*, Warszawa 2003.

Rose N., *Winston Churchill. Życie pod prąd*, Warszawa 1996.

Rychter W., *Dzieje samochodu*, Warszawa 1962.

Ryżak Z., *Zarządzanie energią kluczem do sukcesu*, Warszawa 2008.

Savater F., *Etyka dla syna*, Warszawa 1996.

Schäfer B., *Droga do finansowej wolności. Pierwszy milion w ciągu siedmiu lat*, Warszawa 2011.

Schäfer B., *Zasady zwycięzców*, Warszawa 2007.

Scherman J.R., *Jak skończyć z odwlekaniem i działać skutecznie*, Warszawa 1995.

Schuller R.H., *Ciężkie czasy przemijają, bądź silny i przetrwaj je*, Warszawa 1996.

Schwalbe B., Schwalbe H., Zander E., *Rozwijanie osobowości. Jak zostać sprzedawcą doskonałym*, tom 2, Warszawa 1994.

Schwartz D.J., *Magia myślenia kategoriami sukcesu*, Konstancin-Jeziorna 1994.

Schwartz D.J., *Magia myślenia na wielką skalę. Jak zaprząc duszę i umysł do wielkich osiągnięć*, Warszawa 2008.

Scott S.K., *Notatnik milionera. Jak zwykli ludzie mogą osiągać niezwykłe sukcesy*, Warszawa 1997.

Sedlak K. [red.], *Jak poszukiwać i zjednywać najlepszych pracowników*, Kraków 1995.

Seiwert L.J., *Jak organizować czas*, Warszawa 1998.

Seligman M.E.P., *Co możesz zmienić, a czego nie możesz*, Poznań 1995.

Seligman M.E.P., *Pełnia życia*, Poznań 2011.

Seneka, *Myśli*, Kraków 1989.

Sewell C., Brown P.B., *Klient na całe życie, czyli jak przypadkowego klienta zmienić w wiernego entuzjastę naszych usług*, Warszawa 1992.

Słownik pisarzy antycznych, Warszawa 1982.

Smith A., *Umysł*, Warszawa 1989.

Spector R., *Amazon.com. Historia przedsiębiorstwa, które stworzyło nowy model biznesu*, Warszawa 2000.

Spence G., *Jak skutecznie przekonywać... wszędzie i każdego dnia*, Poznań 2001.

Sprenger R.K., *Zaufanie # 1*, Warszawa 2011.

Staff L., *Michał Anioł*, Warszawa 1990.

Stone D.C., *Podążaj za swymi marzeniami*, Konstancin-Jeziorna 1998.

Swiet J., *Kolumb*, Warszawa 1979.

Szurawski M., *Pamięć. Trening interaktywny*, Łódź 2004.

Szyszkowska M., *W poszukiwaniu sensu życia*, Warszawa 1997.

Tatarkiewicz W., *O szczęściu*, Warszawa 1979.

Tavris C., Aronson E., *Błądzą wszyscy (ale nie ja)*, Sopot–Warszawa 2008.

Tracy B., *Milionerzy z wyboru. 21 tajemnic sukcesu*, Warszawa 2002.

Tracy B., *Plan lotu. Prawdziwy sekret sukcesu*, Warszawa 2008.

Tracy B., Scheelen F.M. *Osobowość lidera*, Warszawa 2001.

Tracy B., *Sztuka zatrudniania najlepszych. 21 praktycznych i sprawdzonych technik do wykorzystania od zaraz*, Warszawa 2006.

Tracy B., *Turbostrategia. 21 skutecznych sposobów na przekształcenie firmy i szybkie zwiększenie zysków*, Warszawa 2004.

Tracy B., *Zarabiaj więcej i awansuj szybciej. 21 sposobów na przyspieszenie kariery*, Warszawa 2007.

Tracy B., *Zarządzanie czasem*, Warszawa 2008.

Tracy B., *Zjedz tę żabę. 21 metod podnoszenia wydajności w pracy i zwalczania skłonności do zwlekania*, Warszawa 2005.

Twentier J.D., *Sztuka chwalenia ludzi*, Warszawa 1998.

Urban H., *Moc pozytywnych słów*, Warszawa 2012.

Ury W., *Odchodząc od nie. Negocjowanie od konfrontacji do kooperacji*, Warszawa 2000.

Vitale J., *Klucz do sekretu. Przyciągnij do siebie wszystko, czego pragniesz*, Gliwice 2009.

Waitley D., *Być najlepszym*, Warszawa 1998.

Waitley D., *Imperium umysłu*, Konstancin–Jeziorna 1997.

Waitley D., *Podwójne zwycięstwo*, Warszawa 1996.

Waitley D., *Sukces zależy od właściwego momentu*, Warszawa 1997.

Waitley D., Tucker R.B., *Gra o sukces. Jak zwyciężać w twórczej rywalizacji*, Warszawa 1996.

Walton S., Huey J., *Sam Walton. Made in America*, Warszawa 1994.

Waterhouse J., Minors D., Waterhouse M., *Twój zegar biologiczny. Jak żyć z nim w zgodzie*, Warszawa 1993.

Wegscheider-Cruse S., *Poczucie własnej wartości. Jak pokochać siebie*, Gdańsk 2007.

Wilson P., *Idealna równowaga. Jak znaleźć czas i sposób na pełnię życia*, Warszawa 2010.

Ziglar Z., *Do zobaczenia na szczycie*, Warszawa 1995.

Ziglar Z., *Droga na szczyt*, Konstancin–Jeziorna 1995.

Ziglar Z., *Ponad szczytem*, Warszawa 1995.

INNE KSIĄŻKI WYDAWCY

Wersje audio i e-book dostępne u naszych partnerów.
Audiobook – Audioteka i Storytel
E-book – Empik i Nexto

INNE KSIĄŻKI WYDAWCY

Wersje audio i e-book dostępne u naszych partnerów.
Audiobook – Audioteka i Storytel
E-book – Empik i Nexto

INNE KSIĄŻKI WYDAWCY

Wersje audio i e-book dostępne u naszych partnerów.
Audiobook – Audioteka i Storytel
E-book – Empik i Nexto

www.ingramcontent.com/pod-product-compliance
Lightning Source LLC
LaVergne TN
LVHW041928070526
838199LV00051BA/2747